# IMITAÇÃO
SEU LUGAR NA PSICANÁLISE

# COLEÇÃO "CLÍNICA PSICANALÍTICA"
## Títulos publicados

1. Perversão — Flávio Carvalho Ferraz
2. Psicossomática — Rubens Marcelo Volich
3. Emergências Psiquiátricas — Alexandra Sterian
4. Borderline — Mauro Hegenberg
5. Depressão — Daniel Delouya
6. Paranoia — Renata Udler Cromberg
7. Psicopatia — Sidney Kiyoshi Shine
8. Problemáticas da Identidade Sexual — José Carlos Garcia
9. Anomia — Marilucia Melo Meireles
10. Distúrbios do Sono — Nayra Cesaro Penha Ganhito
11. Neurose Traumática — Myriam Uchitel
12. Autismo — Ana Elizabeth Cavalcanti / Paulina Schmidtbauer Rocha
13. Esquizofrenia — Alexandra Sterian
14. Morte — Maria Elisa Pessoa Labaki
15. Cena Incestuosa — Renata Udler Cromberg
16. Fobia — Aline Camargo Gurfinkel
17. Estresse — Maria Auxiliadora de A. C. Arantes / Maria José Femenias Vieira
18. Normopatia — Flávio Carvalho Ferraz
19. Hipocondria — Rubens Marcelo Volich
20. Epistemopatia — Daniel Delouya
21. Tatuagem e Marcas Corporais — Ana Costa
22. Corpo — Maria Helena Fernandes
23. Adoção — Gina Khafif Levinzon
24. Transtornos da Excreção — Marcia Porto Ferreira
25. Psicoterapia Breve — Mauro Hegenberg
26. Infertilidade e Reprodução Assistida — Marina Ribeiro
27. Histeria — Silvia Leonor Alonso / Mario Pablo Kuks
28. Ressentimento — Maria Rita Kehl
29. Demências — Delia Catullo Goldfarb
30. Violência — Maria Laurinda Ribeiro de Souza
31. Clínica da Exclusão — Maria Cristina Poli
32. Disfunções Sexuais — Cassandra Pereira França
33. Tempo e Ato na Perversão — Flávio Carvalho Ferraz
34. Transtornos Alimentares — Maria Helena Fernandes

| | |
|---|---|
| 35. Psicoterapia de Casal | Purificacion Barcia Gomes e Ieda Porchat |
| 36. Consultas Terapêuticas | Maria Ivone Accioly Lins |
| 37. Neurose Obssesiva | Rubia Delorenzo |
| 38. Adolescência | Tiago Corbisier Matheus |
| 39. Complexo de Édipo | Nora B. Susmanscky de Miguelez |
| 40. Trama do Olhar | Edilene Freire de Queiroz |
| 41. Desafios para a Técnica Psicanalítica | José Carlos Garcia |
| 42. Linguagens e Pensamento | Nelson da Silva Junior |
| 43. Término de Análise | Yeda Alcide Saigh |
| 44. Problemas de Linguagem | Maria Laura Wey Märtz |
| 45. Desamparo | Lucianne Sant'Anna de Menezes |
| 46. Transexualismo | Paulo Roberto Ceccarelli |
| 47. Narcisismo e Vínculos | Lucía Barbero Fuks |
| 48. Psicanálise da Família | Belinda Mandelbaum |
| 49. Clínica do Trabalho | Soraya Rodrigues Martins |
| 50. Transtornos de Pânico | Luciana Oliveira dos Santos |
| 51. Escritos Metapsicológicos e Clínicos | Ana Maria Sigal |
| 52. Famílias Monoparentais | Lisette Weissmann |
| 53. Neurose e Não Neurose | Marion Minerbo |
| 54. Amor e Fidelidade | Gisela Haddad |
| 55. Acontecimento e Linguagem | Alcimar Alves de Souza Lima |
| 56. O tempo, a escuta, o feminino | Silvia Leonor Alonso |
| 57. Imitação | Paulo de Carvalho Ribeiro |

Coleção Clínica Psicanalítica
*Dirigida por Flávio Carvalho Ferraz*

# IMITAÇÃO
SEU LUGAR NA PSICANÁLISE

Paulo de Carvalho Ribeiro

Com a colaboração de:
Maria Teresa de Melo Carvalho
Lucas de Mello Carvalho Ribeiro
Ariana Lucero
Leonardo Poggiali de Souza
Flávia Torquetti Magalhães
Camila Gama de Araújo

© 2011 Casapsi Livraria e Editora Ltda.
É proibida a reprodução total ou parcial desta publicação, para qualquer finalidade,
sem autorização por escrito dos editores.

**1ª Edição**
*2011*

**Editores**
*Ingo Bernd Güntert e Juliana de Villemor A. Güntert*

**Assistente Editorial**
*Aparecida Ferraz da Silva*

**Editoração Eletrônica**
*Sergio Gzeschenik*

**Produção Gráfica**
*Fabio Alves Melo*

**Preparação**
*Luciane Helena Gomide*

**Revisão**
*Janice Brito Mansur*

**Projeto Gráfico da Capa**
*Yvoty Macambira*

---

**Dados Internacionais de Catalogação na Publicação (CIP)**
**(Câmara Brasileira do Livro, SP, Brasil)**

Ribeiro, Paulo de Carvalho
  Imitação : seu lugar na psicanálise / Paulo de Carvalho Ribeiro e
colaboradores. -- São Paulo : Casa do Psicólogo®, 2010. -- (Coleção
clínica psicanalítica)

  Bibliografia.
  ISBN 978-85-62553-51-6

  1. Imitação 2. Psicanálise I. Título. II. Série.

10-12847                                                          CDD-150.195

---

**Índices para catálogo sistemático:**
1. Imitação na clínica psicanalítica : Psicologia 150.195

**Impresso no Brasil**
*Printed in Brazil*

*As opiniões expressas neste livro, bem como seu conteúdo, são de responsabilidade de seus autores,
não necessariamente correspondendo ao ponto de vista da editora.*

Reservados todos os direitos de publicação em língua portuguesa à

**Casapsi Livraria e Editora Ltda.**
Rua Santo Antônio, 1010
Jardim México I • CEP 13253-400
Itatiba/SP - Brasil
Tel. Fax:(11) 4524-6997
www.casadopsicologo.com.br

# Sumário

Apresentação ..................................................................................11

Primeira Parte
Panorama da Imitação nas Diferentes Áreas do Conhecimento.....33

Introdução ......................................................................................35

1 - O conceito de imitação (*mímesis*) na tradição filosófica ..........37

2 - A imitação na sociologia: as vias de Tarde e Durkheim ...........45

3 - A imitação nos estudos linguísticos ..........................................55
    A imitação nas teorias sobre a origem da linguagem....................56
    A imitação na linguística histórico-comparativa .........................67
    A imitação na linguística estrutural .............................................70

4 - A imitação na psicologia do desenvolvimento ...........................79
    A imitação em James Mark Baldwin .............................................80
    A imitação na psicogenética de Henri Wallon..............................96
    A imitação em Jean Piaget ..........................................................104
    Imitação e zona de desenvolvimento proximal em Vigotski .....112
    Imitação e relações objetais em René Spitz ................................113
    A imitação na teoria da aprendizagem social ............................118
    A imitação em Andrew N. Meltzoff............................................122

5 - A IMITAÇÃO NAS TEORIAS DE FUNDAMENTAÇÃO FENOMENOLÓGICA....127
   A teoria da imitação de Paul Guillaume.......................................128
   Merleau-Ponty e o problema da imitação....................................146

CONSIDERAÇÕES FINAIS.........................................................................157

SEGUNDA PARTE
IMITAÇÃO NA METAPSICOLOGIA E NA CLÍNICA PSICANALÍTICA...............161

INTRODUÇÃO...........................................................................................163

1 - A IMITAÇÃO NA CONSTITUIÇÃO DA TÓPICA PSÍQUICA SEGUNDO
   EUGENIO GADDINI...........................................................................165
   A originalidade da concepção de imitação em E. Gaddini........165
   Imitação e identificação...............................................................167
   Imitação e introjeção....................................................................169
   A referência a Edith Jacobson......................................................174
   Convergências entre as proposições de Gaddini e elementos
   da metapsicologia freudiana........................................................178
   Uma ilustração clínica: os bebês merecistas e a imitação...........189

2 - IMITAÇÃO E TRANSFERÊNCIA NO CASO ANNE.....................................193

3 - IMITAÇÃO, IDENTIFICAÇÃO E IDENTIDADE DE GÊNERO NO
   CASO LANCE......................................................................................201

4 - IMITAÇÃO E CLÍNICA DO AUTISMO.......................................................209
   A imitação na clínica com crianças autistas................................211

CONSIDERAÇÕES FINAIS..........................................................................223

ANEXO - IMITAÇÃO E NEURÔNIOS-ESPELHO.............................................227

REFERÊNCIAS BIBLIOGRÁFICAS.................................................................235

*"O imitar é congênito no homem (e nisso difere de todos os viventes, pois, de todos, ele é o mais imitador, e, por imitação, aprende as primeiras noções), e os homens se comprazem no imitado."*

(Aristóteles, *Poética*)

# Apresentação

Entre os vários temas de investigação presentes na obra de Freud, porém insuficientemente explorados por ele, podemos destacar o tema do originário. É bem verdade que, se tomado na acepção da situação fundamental do ser humano, as indicações freudianas sobre o originário foram fecundas e ensejaram ricas interpretações pela segunda e terceira gerações de seus discípulos. A título de exemplo, podemos citar a interpretação lacaniana, que propõe como fundamento do inconsciente o confronto da criança com o discurso do Outro, por meio do qual a linguagem se impõe como fator estruturante; ou a interpretação kleiniana, segundo a qual o duelo entre as pulsões de vida e de morte constitui o ponto de partida da subjetividade; ou, ainda, a de J. Laplanche, que considera a sedução da criança pelas mensagens sexuais do adulto como a situação antropológica fundamental.

Entretanto, tomando o originário no sentido de momento inaugural da constituição do psiquismo e dos processos e mecanismos aí envolvidos, podemos afirmar que os desenvolvimentos pós-freudianos dessa questão são limitados, ainda que, também nesse sentido, encontremos indicações em Freud, como nos conceitos de recalcamento originário e de narcisismo primário. Tal limitação decorre, certamente, da própria orientação epistemológica subjacente às teorias em questão. Para o estruturalismo, que influenciou parte do pensamento de Lacan, os processos presentes na origem do psiquismo cedem lugar às estruturas preexistentes ao sujeito, fazendo com que o originário só possa ser visto como um mito das origens construído *a posteriori*. Em Melanie Klein, para quem o inconsciente está presente desde o início, com seu repertório de fantasias herdadas filogeneticamente, as origens do psiquismo não se apresentam como uma questão a ser respondida.

Diferentemente dessas duas perspectivas, uma autora como S. Bleichmar, fundamentada na teoria de Jean Laplanche, defende a importância de se retomar o "mito" do recalcamento originário como um conceito diretamente ligado ao campo clínico (Bleichmar, 1985, p. 21). Essa mesma autora afirma que,

> [...] nessa tentativa de conhecer o sujeito em constituição, os tempos míticos não são construções, mas movimentos *reais* de estruturação do sujeito psíquico, e, mesmo quando não conseguimos apreendê-los em sua subjetividade, somos capazes de delimitá-los como se delimita um elemento na tabela periódica de Mendeleiev antes mesmo que o elemento seja descoberto. Ainda que não possamos tocá-lo nem vê-lo, podemos conhecer seu peso específico, sua densidade, seu efeito e sua combinação. (p. 43, tradução nossa)

Essa busca de apreensão do originário não representa apenas uma exigência de coerência teórica, como parece ser o caso do conceito de recalcamento originário em Freud, apresentado como conceito necessário para se conceber o recalcamento secundário. À medida que a clínica psicanalítica alcança uma amplitude cada vez maior, dirigindo-se aos primórdios da infância e, inclusive, à díade mãe-bebê, torna-se necessário que as intervenções do analista possam apoiar-se em uma compreensão metapsicológica dos processos envolvidos nesses momentos inaugurais do psiquismo. Na clínica do adulto, tal compreensão tem também sua importância na elucidação dos movimentos transferenciais que conservam o caráter arcaico dos momentos precoces da constituição psíquica.

Há alguns anos temo-nos dedicado ao aprofundamento do estudo da hipótese sobre as origens do inconsciente contida na teoria da sedução generalizada de Jean Laplanche (1987). O recalcamento originário equivale, para esse autor, às primeiras traduções que a criança faz das mensagens que lhe são endereçadas pelos adultos e que são portadoras de conteúdos sexuais inconscientes. Essas mensagens, inicialmente, não são verbais e se confundem tanto com os cuidados dispensados quanto com os afetos dirigidos à criança. Elas são compostas por gestos, expressões faciais, toques, manipulações, sons e toda gama de experiências sensoriais despertadas na criança. Laplanche (1992) as denomina de mensagens enigmáticas, justamente por estarem contaminadas com a sexualidade infantil inconsciente dos adultos. A título de ilustração, poderíamos evocar a imagem de uma mãe que se delicia ao mordiscar e beijar os pezinhos de seu bebê sem ter a menor ideia de que, ao fazê-lo, satisfaz impulsos sexuais inconscientes. Em trabalhos anteriores (Ribeiro, 2000; 2007), os quais indicamos ao leitor interessado em uma exposição pormenorizada dessa concepção, destacou-se o caráter problemático da concepção de um bebê tradutor das mensagens do adulto antes do surgimento da instância psíquica que permitiria supor esse tipo de iniciativa, a saber, o Eu. Com efeito, tal ideia pressupõe a capacidade de o bebê registrar e traduzir as mensagens do outro, esbarrando, assim, na difícil questão sobre a percepção, a representação e o investimento no objeto pelo bebê. Tal problema pode ser constatado, de um modo geral, nas teorias psicanalíticas que sustentam o papel fundamental do outro na constituição do psiquismo. Quando Winnicott (1988), por exemplo, afirma que o rosto da mãe funciona como um espelho dos estados internos do bebê, ou quando diz que o bebê *cria* o seio que lhe é oferecido, é preciso que nos perguntemos sobre a existência ou não de alguma instância psíquica que justifique essa atribuição de estados mentais ao bebê.

Portanto, se, por um lado, reconhecemos a importância das teorias que privilegiam o papel do outro nas origens do sujeito psíquico e que permitiram superar a hipótese de um estado anobjetal primitivo, paralelas a um ponto de vista endogenista do funcionamento psíquico, por outro lado, consideramos necessário encarar o problema apontado anteriormente. Tal problema pode ser resumido como a dificuldade de abrir mão da pressuposição da existência de uma autorrepresentação, ou seja, de algum tipo de consciência reflexiva, para se pensar a própria constituição do sujeito em sua relação primitiva com o outro.

R. Roussillon, sensível a esse problema, chega a falar de um "primeiro objeto paradoxal" (2003, p. 137) que seria um objeto "narcísico" (p. 137), um duplo de si mesmo cuja efetividade como objeto precederia a possibilidade, por parte do bebê, de representação de si e do objeto. Tratar-se-ia, assim, de um narcisismo primário, anterior à consciência, e de uma função de duplo, que se constituiria antes de poder ser concebida pelo bebê. Sem pretender avaliar a força ou a fragilidade metapsicológica dessa proposição de Roussillon, é preciso conceder-lhe o mérito de reconhecer a existência do problema. De fato, já não podemos mais nos permitir a facilidade de teorizar a importância do objeto na constituição do psiquismo sem nos perguntarmos sobre as condições de percepção e utilização do objeto pelo bebê.

Se nos reportarmos às contribuições das teorias cognitivas do desenvolvimento em busca de dados que nos ajudem a formular uma visão geral dos estados iniciais do funcionamento psíquico, poderemos constatar uma tensão entre teorias que adotam uma posição claramente inatista, ao conceberem uma intersubjetividade primária, e outras correntes teóricas que se opõem a essa perspectiva, preferindo adotar um ponto de vista que privilegia a construção social da subjetividade.

Na visão de György Gergely (2007, p. 50), um dos expoentes da segunda corrente, os representantes da corrente inatista

– entre os quais ele inclui autores como D. Stern, C. Trevarthen e S. Braten – partem dos seguintes pressupostos: a) os bebês humanos nascem com mecanismos perceptuais e capacidade de inferência inatos, o que lhes permitiria identificar em si mesmos e atribuir aos outros uma ampla gama de estados subjetivos – como intenções, desejos e sentimentos – durante interações sociais precoces; b) desde o início da vida existiria um variado repertório de estados mentais diferenciados, acessíveis por introspecção, portanto passíveis de tomada de consciência por parte do bebê; c) esses estados mentais experimentados subjetivamente pelo bebê poderiam ser percebidos como similares ou idênticos àqueles exibidos pelos cuidadores, o que lhe permitiria vivenciá-los como se fossem compartilhados com eles.

Em oposição à pressuposição de uma intersubjetividade inata, Gergely sustenta que a existência de um *self* constitucional, concebido como uma forma de disposição inata à percepção de estímulos externos, capaz de exibir automatismos comportamentais baseados em circuitos neurais preestabelecidos (*prewired*), não implica a existência de nenhuma consciência subjetiva (*subjective awareness*) nem de uma capacidade de controle voluntário de respostas emocionais por parte do bebê (2007, p. 58). Nesse sentido, Gergely fala de um "*self* invisível" (p. 58), ou seja, incapaz de introspecção e de autorrepresentação, que só se tornaria "visível", quer dizer, capaz de ser orientado para a percepção de estados mentais internos e de reconhecê-los como próprios, a partir das "reações de retroalimentação sistemática e contingente" (p. 60) asseguradas pelo ambiente social no qual se encontra o bebê. Desse ponto de vista, as experiências iniciais, automáticas e não conscientes, tornar-se-iam conscientes e propriamente subjetivas por intermédio de um mecanismo de espelhamento (*mirroring*) realizado pelo ambiente afetivo-acolhedor (*attachment enviroment*) (p. 67).

Do nosso ponto de vista, o aspecto mais importante a ser criticado nessa perspectiva da constituição psíquica proposta por Gergely (2007) é a manutenção da certeza quanto à existência de estados mentais pré-subjetivos nos bebês. Apesar de não conscientes, automáticos e biologicamente estabelecidos, esses estados mentais ainda são vistos como emoções, sendo descritos em categorias como alegria, raiva, felicidade, frustração etc. Caberia, então, ao ambiente acolhedor produzir o reflexo dessas emoções, de modo a torná-las conscientes. E, para que isso ocorra a contento, é necessário, segundo Gergely, uma "pedagogia" na qual a "comunicação ostensiva", característica da "marcação" (*markedness*) à qual o bebê é submetido, seja a condição para a efetividade do espelhamento (p. 67). É curioso notar que, ao sustentar a importância dessa expressividade exagerada instintivamente utilizada pelos cuidadores, Gergely argumenta que esse excesso expressivo é o dispositivo que permite ao bebê distinguir uma expressão de emoção que não é propriamente a do cuidador, e sim a encenação de sua própria emoção (p. 68). Dito de outra forma, a falta de *markedness* levaria a criança a confundir o espelhamento com um estado mental realmente presente no cuidador, o que acarretaria, no caso de um "estado mental negativo" (p. 68), uma elevação traumática da tensão vivida pelo bebê em vez do alívio desejado (p. 68). Ora, se o bebê é capaz de distinguir um estado mental peculiar ao cuidador de um espelhamento de seu próprio estado mental, não seria, então, o caso de admitir que já se trata de um *self* muito mais "visível" que "invisível"?

De fato, parece que a tendência ao inatismo na concepção da constituição psíquica é forte o suficiente para se insinuar mesmo nas hipóteses formuladas por aqueles que tentam precaver-se contra ela. Outro exemplo desse caráter insidioso do inatismo pode ser observado em um artigo de Philippe Rochat (2007) justamente sobre o surgimento da intencionalidade no bebê intitulado "Intentional action arises from early reciprocal exchanges". A este respeito também poderíamos perguntar: se essas trocas são recíprocas, como poderiam estar na origem da intencionalidade, visto que a reciprocidade pressupõe dois polos de intencionalidade? De fato, basta ler o artigo de Rochat para constatar que todas as suas observações sobre o surgimento da intencionalidade a partir do segundo mês de vida partem do pressuposto de que há uma capacidade de interação por parte do bebê. Como se não fosse necessário que ele já contasse com algum grau de intencionalidade para poder interagir com os outros. Ao afirmar que, desde a sexta semana de vida, o bebê começa a mostrar sinais claros de que "espera e responde a solicitações sociais" (p. 10), Rochat deixa subentendido que essa expectativa e capacidade de resposta seriam dadas.

Partindo desse solo de interação inicial, ele constata que "elas [as crianças] são providas com pistas sociais que construirão seu caminho rumo a uma instância contemplativa" (p. 10).

Observamos, portanto, que o problema mencionado no início desta apresentação desafia também as teorias cognitivas da constituição psíquica. Além disso, constatamos que as tentativas de superá-lo esbarram no caráter insidioso do inatismo. Para fazer face a isso, buscamos sustentar uma posição teórica de que os bebês nascem desprovidos de qualquer instância psíquica que lhes permita ter algum tipo de iniciativa, e acreditamos ter encontrado nos fenômenos de imitação precoce um ponto de partida apropriado para nos fornecer pistas e evidências da passividade que marca as origens do sujeito psíquico.

Antes de avançarmos em nossas considerações sobre a imitação precoce, é importante lembrar que, apesar do escasso interesse por esse tema no meio psicanalítico, os trabalhos do psicanalista italiano Eugenio Gaddini (1969, 2001) sobre o papel da imitação na constituição psíquica tiveram grande relevância quando publicados, em meados do século passado, e têm sido redescobertos e valorizados atualmente.

Algumas ideias de Gaddini chamam a atenção tanto por mostrarem a qualidade das observações de bebês realizadas por ele quanto pelo poder de reconhecer aspectos decisivos da imitação na constituição psíquica e no surgimento de algumas psicopatologias. Gaddini apoiou-se na constatação de que muitos processos da mente compartilham aspectos formais com determinados processos do corpo para inaugurar uma perspectiva inovadora e consistente de abordagem da constituição psíquica. Ele defende a tese de que as modificações corporais vivenciadas pelo bebê devido a estímulos provenientes do meio externo induzem processos mentais correspondentes, de tal maneira que os fenômenos de imitação involuntários, desencadeados pelos estímulos do adulto, funcionam como um substrato físico dos primeiros processos psíquicos (Gaddini, 2001). Nesse sentido, a percepção é vista por Gaddini como um mecanismo ligado à imitação: "O lactente percebe, inicialmente, ao modificar seu próprio corpo em resposta a um estímulo. Assim, o lactente não percebe o estímulo propriamente dito, mas a modificação de seu corpo" (2001, p. 46). O caminho para compreender o surgimento do Eu encontra-se ligado à autopercepção, e está traçado de forma precisa: "[...] o modelo biológico 'imitar para perceber' modifica-se em seu modelo psíquico paralelo, no qual 'perceber' torna-se 'ser'. 'Imitar para perceber' transforma-se, então, em 'imitar para ser'" (2001, p. 47).

As respostas aos estímulos pela via da imitação, tal como descritas por Gaddini, deixam transparecer o caráter passivo desse processo, e apontam para a existência de uma transição entre a percepção destituída de um agente subjetivo que dela pudesse ter consciência e o surgimento de uma instância psíquica capaz de autorrepresentação. O grande interesse que o trabalho de Gaddini desperta reside justamente na possibilidade de associarmos a imitação precoce a processos que alguns autores descrevem como consciência primária não reflexiva

(Damásio, 1999; Varela; Thompson; Rosch, 1993) e que nos remetem também à já mencionada proposição de Roussillon de um estado inicial em que o bebê estaria sob a influência de um objeto narcísico funcionando como um duplo anteriormente à possibilidade de representação do objeto ou de si mesmo (2003, p. 37).

Para avançarmos nessa direção apontada por Gaddini, julgamos necessário, no entanto, lançar mão de uma concepção da imitação precoce que acentue sua dimensão de passividade e que nos permita pensar tanto a consciência primária dos cognitivistas quanto o objeto narcísico dos psicanalistas como fenômenos que têm o adulto, e não a criança, como origem. Em outros termos, devemos partir de uma concepção de imitação que nos permita uma total inversão do vetor da constituição psíquica, de tal forma que possamos localizar a consciência primária e o duplo narcísico não como algo que parte do bebê, mas como um processo que lhe é imposto do exterior e que o bebê apenas reflete, no sentido propriamente especular, para, em um segundo momento, apropriar-se do processo, no sentido autorreflexivo, ou seja, no âmbito da autorrepresentação. É preciso, portanto, destacar o caráter de espelhamento da imitação, e, para isso, devemos começar por concebê-la como um mecanismo automático, não intencional, porém não equiparável a um reflexo medular. Devemos situá-la entre uma coisa e outra, ou seja, entre a ação reflexa que dispara uma espécie de circuito pré-formado e o ato de vontade que decide reproduzir uma sequência de movimentos observados. Existe, pois, uma forma de suscetibilidade aos estímulos que permite a produção de *efeitos constitutivos*, quer dizer, efeitos que parecem simular a existência de uma mente, mas que na verdade participam de sua constituição.

Justamente essa dimensão neural da imitação remete-nos à descoberta dos neurônios-espelho pela equipe de pesquisadores italianos liderada por Giacomo Rizzolatti (Rizzolatti; Fogassi; Gallese, 2000), fato que veio abrir novas vias de investigação e compreensão dos fenômenos especulares em geral e da imitação em particular. Apresentaremos, em anexo, uma exposição um pouco mais detalhada dessa descoberta e de seus desdobramentos. Por ora, contentar-nos-emos em mencionar o dado essencial: existem sistemas neurais, presentes em determinadas localizações cerebrais de macacos (*macaque monkeys*) e de humanos, que são acionados tanto durante a realização de determinadas ações (motoras voluntárias, como a apreensão manual de alimentos, e também reações reflexas, como as relacionadas com a repugnância a determinados odores) quanto durante a observação dessas mesmas ações sendo realizadas por outros (Gallese, 2003). São, portanto, neurônios dotados de propriedades audiovisuais e motoras, o que os torna particularmente propícios para o desempenho de algum papel na imitação.

Na verdade, mais do que propiciar os fenômenos imitativos involuntários, a capacidade de capturar uma sequência de imagens de uma ação dotada de sentido, associando-a direta e automaticamente aos disparos responsáveis pela realização motora da mesma sequência, configura uma condição neural desenhada sob medida para favorecer, ou mesmo permitir, a interação com o mundo externo, em geral, e com os outros seres humanos, em particular. Isso explica por que um dos desdobramentos mais importantes da descoberta dos neurônios-espelho se dá precisamente no campo das explicações das relações interpessoais, por meio de teorias sobre o papel desses neurônios na apreensão das intenções alheias, na promoção de laços sociais fundados na capacidade de empatia e na aquisição de linguagem e de habilidades motoras variadas, assim como na constituição do autismo infantil, sendo que, neste último caso, estariam em jogo falhas no funcionamento desses neurônios. Entre esses desdobramentos, destaca-se a noção de "simulação corporificada" (*embodied simulation*), relacionada às origens da intersubjetividade e introduzida por Vittorio Gallese (2003, p. 176), que a define como um mecanismo capaz de produzir um "vínculo experiencial entre um protagonista e um observador", de forma direta, automática, involuntária e não consciente, a partir de um evento externo, ou seja, a ação observada.

A atenção dada pelos teóricos e pesquisadores dos neurônios-espelho ao lugar do observador e à ação de observar, embora sugira uma intencionalidade daquele que observa, não compromete o caráter passivo da "simulação" induzida pela observação. Teríamos, assim, um processo passivo desencadeado por um ato de vontade. Nada impede, no entanto, que se suponha a existência de "observações" passivas, ou seja, de *exposições* à ação do outro, e que sejam igualmente capazes de induzir as *embodied simulations*. Tratar-se-ia, nesse caso, muito mais de uma *penetração* de estímulos audiovisuais, como Gallese (2003) chega a sugerir, do que de uma atividade voluntária de observação. Essa é a condição para que possamos aproximar a função dos neurônios-espelho da função "imitar para perceber" descrita por Gaddini (2001): é fundamental que os neurônios-espelho possam ser acionados mesmo na ausência de um agente de observação para que a natureza pré-egoica da experiência imitativa precoce descrita por Gaddini seja equiparada a uma simulação incorporada.

Em nenhum dos artigos sobre neurônios-espelho aos quais tivemos acesso encontramos referência a essa possibilidade, o que é compreensível, se levarmos em conta a dificuldade de se realizar experimentos envolvendo recursos imagéticos sofisticados com recém-nascidos ou com adultos em estado de inconsciência, por exemplo. Enquanto esperamos por pesquisas que venham a confirmar ou não a possibilidade de acionamento dos neurônios-espelho pela simples exposição a determinadas ações, parece-nos legítimo manter nossa aposta nesse tipo de acionamento e buscar na existência desses neurônios alguma sustentação para as ideias de Gaddini.

Foi exatamente isso o que fez Franco Scalzone (2005) em um artigo instigante sobre um possível diálogo entre Psicanálise e Neurociências, no qual podemos encontrar a seguinte afirmação:

[...] a conexão entre o "aprendizado pela imitação" de Gallese e o "imitar para conhecer [ou para perceber]" assim como o "imitar para ser" de Gaddini agora parece clara. Ambos convergem num processo imitativo destinado a desenvolver os processos internos de comunicação e o ato de tornar-se consciente – passagem do automatismo para consciência – ao lado de processos empáticos de comunicação não verbal, processos cocognitivos e o processo de desenvolvimento de coidentidades, interação e intercomunicação social [...] (p. 1.417, tradução nossa)

Embora Scalzone destaque a passagem do automatismo (imitar para perceber) para a consciência (imitar para ser), o mecanismo capaz de explicá-la permanece obscuro. A concepção de Winnicott de que o rosto da mãe teria a função de um espelho capaz de restaurar o *self* do bebê é também relacionada por Scalzone (2005, p. 1.418) aos neurônios-espelho, mas desconectada dos fenômenos de imitação, como se essa função do rosto materno fosse estritamente especular, no sentido de reproduzir o que vem do bebê. Nesse caso, podemos supor que seriam os neurônios-espelho da mãe que estariam em ação e interagiriam, provavelmente, com os do bebê. De fato, essa passagem do funcionamento físico, fisiológico ou corpóreo para o funcionamento psíquico, considerado paralelo ao primeiro, apresenta-se a Gaddini como um enigma a ser solucionado e que pode ser traduzido nos seguintes termos: qual é o mecanismo responsável pelo surgimento da primeira representação? E, considerando que ela seja uma representação que contemple, simultaneamente, a existência de si mesmo (do bebê, no caso) e dos outros, qual sua relação com um determinado fato neurológico que, do nosso ponto de vista, liga-se nitidamente à diferenciação Eu-Outro, a saber, o fato de que o disparo dos mesmos neurônios-espelho produz ação motora quando alguém decide realizá-la e não a produz quando essa mesma ação é apenas objeto de observação? Em outras palavras, se a *embodied simulation* se constitui no acionamento dos neurônios motores responsáveis, no observador, pela realização da ação que ele observa um outro realizar, por que esse acionamento não leva às efetivas contrações musculares necessárias à ação? Os neurônios são os mesmos, mas seus disparos são interpretados diferentemente conforme são acionados pela sequência de estímulos audiovisuais observados ou pela vontade do observador (Gaddini, 2001, p. 46). Essa questão poderia ser respondida de uma forma simples se supusermos, por exemplo, a existência de um limiar quantitativo que precisaria ser vencido para que os disparos neurais acionem as contrações musculares: a observação da ação produziria uma intensidade de disparos inferior àquela necessária para atingir esse limiar. De fato, os relatos dos experimentos realizados em laboratório atestam menor intensidade de resposta neural desencadeada pela observação quando comparada com a realização da ação. Mesmo cientes de que a resposta à nossa questão possa ser tão simples quanto isso, consideraremos outras possibilidades que nos parecem pertinentes e instigantes.

Se levarmos em conta as constatações feitas inicialmente por Meltzoff e Moore (1977) sobre a capacidade que recém-nascidos com idade inferior a 24 horas já possuem de reproduzir movimentos da boca e da face exibidos diante deles por um adulto, podemos supor que algum dispositivo neural semelhante ou idêntico aos neurônios-espelho participe dessa imitação precoce involuntária. Antes de ser capaz de representar o que quer que seja e sem jamais ter visto a própria face, o bebê reproduz uma ação cujas imagens lhe penetram pelos olhos, já que supomos a ausência de um agente capaz de olhar de forma intencional. Nesse caso, o acionamento de neurônios visuomotores acarreta, de forma imediata ou diferida, a contração dos músculos responsáveis pelo movimento a ser imitado, permitindo conjecturar que o aparelho neural dos bebês não dispõe, ou dispõe apenas parcialmente, dos mecanismos que impedem a reprodução automática e motoramente efetiva de determinadas ações às quais eles são sensorialmente expostos, sejam mecanismos comandados por limiares quantitativos ou por dispositivos de qualquer outra natureza, como aqueles que produzem inibição de descargas.

O fato de existir uma propensão do sistema nervoso central dos bebês de espelhar pela ação determinados estímulos sensoriais provenientes do meio externo acarreta uma condição de suscetibilidade à imitação, de tal forma que poderíamos imaginar uma situação limite na qual múltiplos estímulos incidindo ao mesmo tempo no campo de percepção do bebê concorreriam entre si para serem reproduzidos, saturando a capacidade de resposta motora e gerando movimentos e ações desordenadas que configurariam um verdadeiro caos sensório-motor. Vários fatores contribuem para que tal situação não se produza no início da vida, e talvez o principal deles seja a circunscrição das respostas imitativas precoces a determinados estímulos bem específicos, como aqueles relacionados aos movimentos da face e da língua. Os limites da própria capacidade perceptiva dos primeiros meses de vida, relacionados aos longos períodos de sono e à imaturidade funcional dos órgãos da percepção, certamente constituem proteções contra a sobrecarga de estímulos. Porém a barreira mais eficaz e mais definitiva contra esses excessos não poderia restringir-se aos recursos meramente fisiológicos, sob pena de comprometer todo o desenvolvimento cognitivo com limitações sensoriais. Para que a face do bebê não permaneça indefinidamente como uma superfície complacente à indução de ações e expressões dos outros ou, dito com outras palavras, para que cada *embodied simulation* induzida pela exposição e percepção não resulte em uma ação efetiva (o que tornaria a vida de qualquer indivíduo inviável), deve haver algum mecanismo propriamente mental e inibidor. Se os disparos dos mesmos neurônios produzem uma ação efetiva em determinadas circunstâncias e nenhuma ação em outras, a explicação espontânea e inevitável para essa diferença é a existência de um Eu capaz de intervir nesses disparos, inibindo seus efeitos motores quando da percepção e acionando-os de alguma forma específica quando da realização de uma ação. No entanto, permanece a pergunta sobre a origem do Eu. Mesmo se estivermos convencidos de que a percepção unificada do próprio corpo é sua condição primordial, ainda resta explicar como essa primeira forma evolui para uma instância cuja capacidade de representação vai muito além da famosa projeção psíquica do corpo unificado descrita por Freud. Como essa instância de unificação e representação passa a ser dotada também de vontade e iniciativa ainda é a grande questão a ser respondida.

Para responder a essa pergunta lançando mão de uma teoria da imitação precoce, é necessário que se faça uma extrapolação que nos permita pensar esse fenômeno como algo muito mais abrangente do que o estado atual das pesquisas e observações controladas permite constatar. Essa extrapolação deveria permitir-nos, por exemplo, formular as seguintes questões: 1) Se a imitação precoce participa efetivamente da formação do Eu e se o Eu não pode ser reduzido a uma simples unificação corporal, o que é, exatamente, que, ao ser imitado, produz o efeito de tomada de consciência de si e, consequentemente, dos objetos? 2) Os neurônios-espelho poderiam sustentar uma espécie de imitação generalizada que não se limitasse ao disparo de neurônios motores, mas envolvesse também circuitos neurais responsáveis pela autorrepresentação?

Para finalizarmos essas reflexões preliminares sobre a imitação, gostaríamos de focalizar uma passagem extraída da introdução acrescentada por D. Stern (2000) a uma reedição de seu livro *The Interpersonal world of the infant*, quinze anos após sua primeira publicação:

> Originalmente, a maior parte da ênfase era colocada na experiência de um outro-*self*-regulador [*self-regulating-other*]. Eu não pretendo alterar a centralidade dessa experiência. O que é necessário, no entanto, é um repertório mais extenso de experiências de *self*-com-outro [*self-with-other*] que incluam a situação extraordinária, ainda que comum, pela qual o sistema nervoso de alguém é capturado, por assim dizer, pelo sistema nervoso de um outro, graças aos neurônios-espelho, osciladores adaptativos (*adaptative oscillators*) e provavelmente outros mecanismos ainda por serem descobertos. Em tais situações, as variáveis que especificam o sentimento nuclear do *self* [*core sense of self*] não são completamente cooptados pelo outro. O sentimento nuclear do *self* não é jogado fora [*swept away*]. Há apenas uma sobreposição parcial. Mesmo assim, a experiência terá sua qualidade própria e produzirá ainda, em última instância, uma outra forma discernível de estar-com-o-outro [*being-with-another*]. Eu chamo este último fenômeno de *self*-ressoando-com-o-outro [*self-ressonating-with-another*]. (p. 21)

Salta aos olhos, nessa passagem, a preocupação em preservar algum grau de autonomia do *self nuclear* diante da ameaça de uma captura radical do sistema nervoso do bebê pelo sistema nervoso do outro, pois é justamente essa dificuldade de abrir mão de um *self* que resiste ao outro que consideramos fundamental superar. O que os fenômenos de imitação precoce e a descoberta dos neurônios-espelho vêm prenunciar é uma forma radicalmente nova de concebermos o papel do outro na constituição psíquica, uma verdadeira inversão de vetor na situação especular entre o bebê e o objeto: *em vez de pensarmos que a mãe espelha os estados internos do bebê, não seria o caso de pensarmos que os bebês espelham, no sentido de uma imitação precoce generalizada, os estados mentais das mães? Não seria algum tipo de capacidade automática e inata de espelhamento ou imitação que asseguraria o surgimento do Eu nos bebês?* O leitor certamente se interrogará, neste ponto, se não estaríamos recaindo no inatismo que denunciamos e tentamos superar. Porém não se trata aqui de uma capacidade inata de autorrepresentação, paradoxalmente o inato seria o mecanismo capaz de introduzir o outro no psiquismo em via de constituição.

Pois bem, essas são questões cuja pertinência este livro pretende mostrar e para as quais esboçará algumas possíveis respostas. Desse modo, pretende-se introduzir a imitação precoce como uma questão que instigue psicólogos e psicanalistas a repensar a constituição psíquica. No que diz respeito particularmente à psicanálise, trata-se, na verdade, de um convite para que se pense a introdução do conceito de imitação precoce na metapsicologia, relacionando-o às primeiras identificações e, portanto, ao narcisismo, ao estádio do espelho e à constituição do Eu, processos que, do nosso ponto de vista, correlacionam-se ao recalcamento originário.

Antes de abordarmos as questões diretamente ligadas à psicanálise, e com o intuito de apresentar, em linhas gerais, a longa história da imitação, nossa pesquisa nos levou a explorar o tema em questão em diferentes áreas do conhecimento. Iniciando com o conceito de *mímesis* na tradição filosófica, passamos pela abordagem da imitação na Psicologia do Desenvolvimento, na Sociologia, nos estudos linguísticos, na Teoria da Aprendizagem Social e nas teorias de fundamentação fenomenológica. Assim, a primeira parte deste livro oferece um panorama geral da imitação em diferentes áreas das ciências humanas, enquanto a segunda trata especificamente da imitação na teoria psicanalítica.

Não poderíamos encerrar esta apresentação sem mencionar que este livro é resultado de uma pesquisa acadêmica realizada na Universidade Federal de Minas Gerais (UFMG) que contou com a participação de alunos da graduação e pós-graduação em Psicologia. Tampouco podemos deixar de agradecer: ao Conselho Nacional de Desenvolvimento Científico e Tecnológico (CNPq) e à Fundação de Amparo à Pesquisa do Estado de Minas Gerais (FAPEMIG) pelo apoio financeiro que permitiu a realização desta pesquisa, a Luís Cláudio Figueiredo, que, ao nos apresentar os trabalhos de Eugenio Gaddini, sensibilizou-nos para a importância da imitação precoce, a Octávio Souza, que nos presenteou com um livro raro e fundamental de Paul Guillaume, e a Nelson Coelho Júnior, que nos proporcionou uma rica interlocução com Philippe Rochat sobre a imitação precoce.

# Primeira Parte

# Panorama da Imitação nas Diferentes Áreas do Conhecimento

# Introdução

A imitação, apesar de não ser objeto de estudo amplamente abordado pela Psicanálise, já se impôs como um tema de grande interesse nos campos da Psicologia do Desenvolvimento[1], Sociologia, Fenomenologia e estudos linguísticos. Com o objetivo de propor uma articulação da imitação precoce com a abordagem psicanalítica da constituição psíquica, faremos, inicialmente, uma exposição das principais contribuições a esse tema, advindas de autores que se destacaram por terem tomado a imitação como um tema central ou por lhe terem dado uma importância destacada na abordagem de outros temas. Trata-se de uma exposição cujo propósito é oferecer uma visão panorâmica da área de conhecimento sobre a qual estamos debruçados e que não pretende, portanto, aprofundar-se no pensamento de cada autor considerado nem exaurir a lista daqueles que direta ou indiretamente contribuíram para o desenvolvimento do tema.

---

[1] Entendemos por psicologia do desenvolvimento todas as escolas de pensamento psicológico de orientação experimental, preocupadas com o processo de aquisição e evolução de faculdades psicológicas.

# 1.

# O CONCEITO DE IMITAÇÃO (MÍMESIS) NA TRADIÇÃO FILOSÓFICA

A palavra imitação tem sua origem etimológica no termo grego *mímesis*, que, por sua vez, deriva do substantivo *mimos* e do verbo *mimeîsthai* (simulação da presença efetiva de um ausente). A ocorrência mais antiga da palavra *mimos* remonta a Ésquilo e refere-se aos participantes dos rituais dionisíacos que reproduziam o mugir dos touros (Lage, 2000). É importante ressaltar que o termo *mímesis* pode ser tomado em diferentes acepções, e sofrendo apropriações diversas na tradição filosófica, bem como no interior da própria teorização de alguns pensadores, tais como Platão e Aristóteles. Destaca-se, ainda, que a imitação implícita no conceito de *mímesis* não se reduz, geralmente, a uma simples reprodução, mas designa uma representação da realidade, tendo, portanto, uma dimensão de criação. Nos dizeres de Carvalho (1998), "mimese é imitação, porém não no sentido de reprodução servil da realidade, mas no de *feitura,* por parte do artista, de algo que a ela está ligado [...]" (*apud* Toledo, 2005, p. 36, grifo do autor)[1].

---
[1] Contudo, a acepção de *mímesis* que parece ter orientado sua transcrição latina – *imitatio* – é a de uma imitação-cópia de um conjunto de coisas subsistentes na natureza (*natura*). Cf. Toledo (2005, p. 36).

O conceito de *mímesis* teve um de seus primeiros desenvolvimentos na teoria pitagórica da imitação. Os pitagóricos consideravam os números realidades essenciais e superiores que as coisas imitariam, fazendo da imitação uma noção predominantemente metafísica (Mora, 2001).

Platão também se refere à imitação em vários diálogos. No *Sofista*, a imitação é tratada como uma criação de imagens, própria dos seres humanos, opondo-se à criação de coisas reais, restrita às essências divinas (*eidos*) do Mundo das Ideias (Platon, 1993, p. 132-133). Em *Leis*, ele elucida que a imitação de algo deve ser verdadeira e bela para que seja considerada, efetivamente, uma imitação (Platon, 1951, p. 668). Na *República*, o conceito de imitação desenvolve-se no plano da estética. O artista, quando pinta um objeto, fabrica uma aparência, mas como, a rigor, não pinta sua essência, ou Verdade, e sim apenas sua imitação na Natureza, a imitação artística resulta de uma dupla imitação, estando, portanto, três pontos afastada, ontologicamente, da Ideia criada pelo demiurgo – universal, necessária e eterna (Platão, 2000, p. 323-324). Ainda na *República*, pode-se depreender uma visão depreciativa das artes miméticas e, por conseguinte, do artista: primeiramente, Platão desenvolve sua crítica à imitação em um plano conteudístico-moral. A imitação, para ser aceitável, deve-se basear, exclusivamente, em modelos a serem seguidos pelos cidadãos da *pólis*, ou seja, em homens bons, sendo que a imitação de homens ou de atividades humanas não dignas de admiração (loucura, perversidade, fraqueza, covardia etc.) são condenadas como inaceitáveis (Platão *apud* Toledo, 2005). Posteriormente, sua crítica estende-se para um plano ontológico. Por fornecer apenas simulacros particulares de uma Ideia universal, o artista (que pouco ou nada sabe a respeito do objeto que imita) congela em uma única perspectiva o objeto que reproduz – essencialmente inferior e inútil. Apelando para a parte irascível da alma (morada dos *indomáveis* desejos), o fazer artístico não desempenharia nenhuma função no ideal da *pólis* platônica, baseado em necessidades, trocas e, fundamentalmente, no exercício do *lógos* (Platão, 2000, p. 321).

É interessante notar que, apesar de desenvolver uma teoria da imitação predominantemente estética, Platão não desvincula a *mímesis* de uma dimensão metafísica (Russell, 2002).

Aristóteles, por sua vez, em sua *Poética*, defende a ideia de que a imitação não se reduz a uma atividade inferior, que deprecia aquele que a pratica, mas que a *mímesis* é natural ao homem. Apesar de não fornecer, em nenhum ponto de sua obra, uma definição precisa da noção de *mímesis*, pode-se delimitar, a partir de sua teorização sobre a arte, algumas ideias a respeito desse conceito, em grande medida, divergentes do pensamento platônico.

Com efeito, a *mímesis*, no pensamento aristotélico, não é apenas a imitação de objetos já existentes, mas pode ser também a imitação de coisas possíveis (Aristóteles, 1973, p. 451). Dessa maneira, a arte não se restringiria à mera reprodução, estendendo seus domínios a uma invenção do real. O significado da palavra *Poética* (*poíesis*) é fazer coisas. Esse título poderia ser utilizado para designar qualquer atividade produtiva, porém Aristóteles o restringe à produção artística, dando especial atenção à tragédia e à poesia épica (manifestações nas quais a arte melhoraria seus modelos, apresentando-os de forma mais nobre ou virtuosa), mas sem deixar de incluir a comédia (representação artística que piora seus modelos, apresentando-os mais ignorantes e feios do que realmente seriam), a poesia ditirâmbica e a música de flauta e lira (Aristóteles, 1973, p. 445). O artista, ou imitador, representa ações com agentes humanos bons ou maus, havendo tantas espécies de artes quantas forem as maneiras de imitar as diversas classes de objetos e as variadas forças do processo de criação-aparição de objetos no real (Aristóteles, 1973, p. 444). Logo, todas as artes são imitativas.

Percebe-se, ainda, o importante papel pedagógico que as artes adquirem nas formulações aristotélicas. Ao produzirem a catarse (*kátharsis*), promovem a purificação espiritual dos espectadores, comovidos pela representação artística, permitindo-lhes um *aprendizado do sentir*, tão importante no cotidiano do cidadão da *pólis*. A imitação, por assim dizer, parece implicar uma evocação, por meios artificiais, de sentimentos semelhantes à coisa real (Aristóteles, 1973, p. 447).

Referindo-se especificamente à tragédia, Aristóteles considera o aspecto da produção cênica de menor relevância, sendo a ênfase dada à qualidade literária da obra (Aristóteles, 1973, p. 448). Além disso, ele apresenta certo número de critérios para a produção literária, o que fez com que sua doutrina artística da imitação exercesse grande influência na história da crítica da arte, principalmente até meados do século XVIII. Como exemplo da importância que o conceito de imitação adquiriu na Crítica e História Literárias, destacamos a obra clássica de Erich Auerbach, intitulada *Mímesis, a representação da realidade na literatura ocidental* (2002).

Pode-se, por fim, depurar da *Poética* um outro aspecto da *mímesis* aristotélica: a imitação como técnica de conhecimento do homem. Na arte, o homem se descobre por meio da análise de si mesmo, uma vez que, na obra artístico-imitativa, ele constrói a realidade à sua semelhança, podendo experimentar-se como outro de si mesmo, diferentemente da construção operada pela natureza, restrita ao reino da causalidade necessária. Assim, o processo mimético, em Aristóteles, configura-se como instrumento por meio do qual o homem grego se apropria da natureza, instaurando o reino da cultura. A interação arte-realidade entre os povos helênicos, mediada pela imitação, tinha como uma de suas funções promover, pela via da ação dialógica, certos valores éticos da existência.

O conceito de *mímesis* foi retomado por um grande número de filósofos ao longo dos séculos, ganhando conotações diferentes nas obras de cada um deles[2]. Visto que uma exposição extensiva e sistemática das vicissitudes desse conceito no campo da Filosofia excederia em muito nosso propósito e nossa competência, limitar-nos-emos, a título de ilustração, a

---

[2] Destacam-se na filosofia moderna Hobbes, Montaigne e Kant; e, na filosofia contemporânea, Hegel, Heidegger, os filósofos da Escola Frankfurtiana (Marcuse, Horkheimer, Adorno e Walter Benjamin), além de Jacques Derrida.

mencionar sucintamente sua ocorrência em Thomas Hobbes e em Theodor Adorno[3]. Abarcaremos, com isso, a apropriação do conceito de *mímesis* em duas disciplinas filosóficas distintas, a saber, a Filosofia Política e a Teoria do Conhecimento, respectivamente.

A *mímesis* de Aristóteles foi apropriada por Thomas Hobbes no âmbito de sua Filosofia Política, mais especificamente em relação à temática da criação do Estado, tratada no *Leviatã*. Assim como Aristóteles, Hobbes considera o processo mimético um recurso para ultrapassar o estado de natureza, uma vez que a arte, como forma de imitação da natureza que introduz uma dimensão especificamente humana, promove o reconhecimento da necessidade de superação do caos generalizado vigente nesse estado de coisas primitivo. Desse modo, o homem deverá fazer uso de sua racionalidade e optar entre permanecer no estado de natureza ou utilizar-se da *mímesis* e superar, pela via da imitação *poética*, sua própria condição de submissão ao que lhe é dado como natural. Assim, o homem fundará a política a partir das insuficiências do mundo natural e atingirá, pelo processo do autorreconhecimento mimético, o Estado, como superação e realização do humano sobre a natureza (Costa, 1999). O elemento mimético inscreve-se como categoria que possibilita a ação consciente de produção de cultura,

---

[3] Para uma apreciação precisa e completa da trajetória do conceito em questão na história da filosofia recomendamos a obra de Duarte e Figueiredo (2001).

entendida aqui como resultado da intervenção do homem sobre a natureza, em busca de sentido para sua existência.

Na Filosofia Contemporânea, encontramos uma importante referência à *mímesis* no pensamento de Theodor Adorno, filósofo da Escola de Frankfurt. Adorno qualifica o comportamento mimético como pré-conceitual, de modo que a *mímesis* seria uma forma de relacionamento com o mundo em que a mediação pelo conceito ainda seria inexistente ou suprassumida. Assim, Adorno utiliza a noção de *mímesis* como ferramenta para pensar a constituição da consciência e, por conseguinte, do conhecimento e da racionalidade. A *mímesis* é uma forma de experiência na qual criamos uma intimidade, uma proximidade com as coisas, podendo ser tomada como um tipo de conhecimento não reflexivo, uma vez que o sujeito não teria consciência desse conhecimento (Freitas, 2001).

Por sua vez, ainda na perspectiva adorniana, o comportamento mimético tem como suporte a imagem, mediadora entre a identidade subjetiva (conceito) e a exterioridade do mundo empírico (sensação). A *mímesis* pode ser considerada uma forma primeira de cognição, tal como pode ser observada, por exemplo, no pré-animismo, na magia e nos mitos. É interessante apontar para o fato de que essa formação arcaica da consciência e das formas primitivas de conhecimento passou, ao longo do tempo, por sucessivas mudanças. Atualmente, as crianças nascidas em um mundo já conceitualmente instituído teriam esse comportamento mimético espontâneo inibido bem precocemente, e tenderiam para uma assimilação bem mais abstrata da realidade.

# 2.

# A IMITAÇÃO NA SOCIOLOGIA: AS VIAS DE TARDE E DURKHEIM

Os estudos sobre a imitação, em Sociologia, referem-se principalmente aos modelos delineados por dois importantes autores, a saber, Gabriel Tarde e Émile Durkheim. Os escritos de Tarde[1], pioneiros na abordagem sociológica do fenômeno da imitação, foram posteriormente apropriados e criticados por Durkheim, que, por sua vez, elaborou uma inovadora e importante concepção de imitação. Como as ideias durkheimianas a respeito do tema são construídas, em grande parte, sobre uma elaboração crítica do pensamento de Tarde, exporemos aqui as principais teses deste autor a partir da proposta de revisão empreendida por Durkheim.

---

[1] O pioneirismo das formulações de Tarde sobre a imitação como formadora e mantenedora do vínculo social se faz sentir por sua influência no pensamento de importantes autores, tanto da Sociologia como da Psicologia Social, entre os quais podemos destacar J. M. Baldwin e W. Mcdougall. Com o desenvolvimento do pensamento psicossociológico, principalmente a partir de G. H. Mead (1972), a noção de socialização passa a substituir, paulatinamente, a ideia de imitação como fator decisivo na formação e sustentação dos laços sociais.

Émile Durkheim (1858-1917), célebre sociólogo francês e fundador da Sociologia, em uma de suas mais importantes obras, O *suicídio*, publicado originalmente em 1897, dedica todo um capítulo ao tema da imitação. Na obra em questão, Durkheim (2003) pretende investigar possíveis fatores que determinariam a taxa social de suicídios e, já na sua introdução, formula a ideia de que cada sociedade, em um determinado momento histórico, apresenta uma aptidão definida para o suicídio, que é conceituado pelo sociólogo francês, após detalhado percurso teórico-conceitual, como "todo caso de morte que resulta direta ou indiretamente de um ato positivo ou negativo praticado pela própria vítima, ato que a vítima sabia dever produzir esse resultado" (p. 15). O suicídio é, ainda, de acordo com suas características, categorizado como egoísta, altruísta ou anômico.

Durkheim propõe-se a investigar o conjunto de suicídios cometidos em determinada sociedade em um determinado período (não pretendendo, de modo algum, produzir um inventário de todas as eventuais condições que podem motivar suicídios individuais) e a postular que o resultado assim obtido não configura um simples somatório de unidades isoladas, mas se apresenta como novo fato, de natureza marcadamente social. Assim, a predisposição, historicamente localizada, que uma sociedade tem de fornecer um número de mortos voluntários deve ser objeto de um estudo especial, de cunho essencialmente sociológico. As pretensões durkheimianas em O *suicídio* referem-se, desse modo, à busca das condições determinantes da mencionada predisposição de um corpo social para fornecer mortos voluntários, fenômeno do qual advém este fato distinto que Durkheim irá chamar "taxa social de suicídios". Ele afirma que essa taxa é influenciada apenas por fatores e fenômenos sociais, mas, no intuito de corroborar sua hipótese, limita-se, primeiramente, à investigação detalhada de eventuais fatores extrassociais (psicológicos, psicopatológicos, geofísicos) que poderiam ter influência significativa nesta taxa.

É no âmbito dos estudos sobre o suicídio que se insere o interesse de Durkheim sobre a imitação. Trata-se, para ele, de um fenômeno marcadamente individual, uma vez que pode ocorrer entre indivíduos que não partilham qualquer laço social. É importante destacar que a sociologia durkheimiana, claramente orientada por pressupostos positivistas e por esquemas conceituais dualistas, oferece uma nítida separação entre indivíduo e sociedade e, por conseguinte, entre psicológico e social. Postulando a exterioridade do fato social (objeto por excelência de seus estudos), Durkheim coloca a sociedade, o corpo social, como um fato *sui generis* e irredutível a outros, o que impõe, obviamente, uma clara delimitação entre fenômenos individuais e sociais.

Sob essa ótica, Durkheim propõe uma minuciosa revisão da literatura sobre a imitação, buscando uma definição precisa para o termo, de modo a extirpar a ambiguidade, a extensão demasiada e as confusões que muitas vezes marcaram seu uso.

Suas críticas são dirigidas principalmente às formulações de Gabriel Tarde (sociólogo positivista francês, contemporâneo de Durkheim), que, em uma de suas principais obras, *As leis da imitação*, publicada originalmente em 1890, defende a tese de que toda semelhança social resulta da imitação, e que esta, por sua vez, operaria segundo leis lógicas e gerais e seria análoga, no plano social, à hereditariedade nos organismos vivos e à propagação por ondulação nos corpos brutos. Tais fenômenos, cada um em seu plano, formariam um princípio de *repetição universal* (Tarde, 1998, p. 21). Na obra mencionada, Tarde propõe uma tipologia da imitação. Para ele, os atos imitativos podem ser *vagos ou precisos*, bem como *conscientes* ou *inconscientes*, categorias que correspondem ao grau de desenvolvimento atingido por determinado corpo social (Tarde, 1998, p. 219-223). Assim, quanto mais evoluída for uma sociedade, mais precisos serão os processos imitativos nela percebidos, uma vez que laços sociais bem estabelecidos implicam, para Tarde, um alto nível de semelhança social – obtida por meio de imitações[2] (Tarde, 1998, p. 92-93). Da mesma forma, quanto mais desenvolvido (harmonioso) for o *socius*, mais espontâneas (inconscientes) e, por conseguinte, menos refletidas (conscientes) serão as reproduções dos padrões sociais, visto que, em uma sociedade coesa, a obediência às normas, operacionalizada pela imitação, torna-se automática, ou seja, "involuntária", como Tarde preferia dizer (Tarde, 1998, p. 99).

---

[2] Vemos que as ideias de Tarde contêm uma concepção progressista da história e da sociedade, característica da pressuposição positivista, segundo a qual, havendo ordem, todo corpo social tende a evoluir, progressivamente, para um grau de coesão e harmonia cada vez maiores.

Todos esses modos de imitação teriam as mesmas forças sociais, as mesmas motivações subjacentes: crença e desejo. Tarde afirma: "Aquilo que é imitado é sempre uma ideia ou um querer, uma opinião ou um desígnio, em que se exprime uma certa dose de crença ou de desejo [...]" (1998, p. 173).

Em seguida, Tarde delimita as três leis lógicas e universais da imitação, relativas à sua origem e finalidade. São elas: 1) *Imitação do interior para o exterior*. Os modelos internos são imitados antes dos modelos externos. Por exemplo, pensamentos e opiniões são imitados anteriormente à moda e aos costumes[3] (p. 225-245). 2) *Imitação do superior pelo inferior*. Os exemplos das pessoas, classes e localidades consideradas superiores de um ponto de vista socioeconômico superam os exemplos das pessoas, classes e localidades consideradas inferiores (p. 245-278). 3) *A presunção de superioridade aplica-se tanto ao presente quanto ao passado*. Tal lei apenas estende temporalmente a segunda, conferindo-lhe uma eficácia passível de ser verificada ao longo da história de determinada sociedade (p. 279-290). Resumidamente, poderíamos dizer, com Tarde, que a lei suprema da imitação parece ter sua tendência à progressão indefinida.

A sequência de seu livro *As leis da imitação* é dedicada ao embasamento dessas três leis a partir de exemplos dos mecanismos de funcionamento da moda, dos costumes, da religião, da língua, do governo, da legislação, da moral e das artes.

---

[3] Tal lei é severamente criticada por J. M. Baldwin (1894).

Durkheim enxerga nas formulações de Tarde um uso irrestrito da noção de imitação (Durkheim, 2003, p. 118). Para ele, os processos imitativos, como definidos por Tarde, tomariam uma abrangência de sentido e aplicação quase totalizantes e seriam considerados deflagradores de praticamente todo fato social, excetuando-se raros atos inventivos, que se oporiam dialeticamente a eles (p. 118). É justamente em oposição a esse uso irrestrito do conceito de imitação, que Durkheim, em *O suicídio*, opõem-se às ideias de Tarde.

Durkheim identifica três grupos de fatos que, costumeiramente, são associados ao fenômeno da imitação, para, em seguida, isolar aquele que lhe parece realmente apropriado para receber esta designação. A saber:

1) Quando, em um mesmo grupo social, os indivíduos se submetem à ação de determinada causa responsável pelo nivelamento das diferentes consciências e passam a partilhar do mesmo pensamento, dá-se o nome de imitação ao conjunto de operações que resultam deste acordo. O termo designaria, assim, a capacidade de os estados de consciência, experimentados simultaneamente, influenciarem-se reciprocamente e combinarem-se (2003, p. 112).

2) Também é denominada como imitação a necessidade comum aos indivíduos de se posicionarem harmoniosamente na sociedade, adotando os modos de agir e pensar generalizados. Essa seria a origem sociológica das modas,

dos costumes, das práticas jurídicas, das regras morais etc. (2003, p. 113).
3) Por fim, o termo imitação refere-se à reprodução de um ato que ocorreu diante de determinado indivíduo, e cuja representação determina automaticamente os movimentos que repetem a referida ação. Nesse caso, a imitação não se dá por utilidade nem por obediência a um modelo, mas configura-se como uma imitação em si. Tal fato pode ser observado, por exemplo, quando alguém boceja, ri ou chora simplesmente por ter visto alguém fazer o mesmo (2003, p. 113).

Esses três grupos de fenômenos, embora apresentem diferenças significativas, tenderiam a ser homogeneizados ao serem considerados fenômenos de imitação. Em oposição a isso, Durkheim sublinha a inadequação de se dar o nome de imitação a um leque tão extenso de eventos. Ele destaca que a primeira classe de eventos tratados não compreende qualquer tipo de reprodução, mas sim uma síntese de diferentes estados que criam algo novo, sendo inapropriado, portanto, designá-los como imitação. O segundo grupo de fatos apresentados envolve, efetivamente, uma forma de reprodução, mas se impõe como obrigação, e não como algo útil ou desejável. Nesse contexto, o ato não é reproduzido simplesmente por ter sido executado por outrem, mas por trazer consigo a marca social. Nos dizeres de Durkheim (2003): "[...] agir por respeito ou por temor da opinião não é agir por imitação" (p. 116). Somente no terceiro grupo de fatos relatados encontramos uma reprodução que não tem razão de ser fora de si mesma, sendo o novo ato um mero eco do inicial. É justamente para esse tipo de ocorrência, e apenas para esse tipo, que Durkheim reserva o nome de imitação e considera justificado seu emprego. Chega-se assim à seguinte conclusão:

> Existe imitação quando um ato tem por antecedente imediato a representação de um ato semelhante, anteriormente realizado por outrem, sem que entre essa representação e a execução se intercale qualquer operação intelectual, explícita ou implícita, dirigida sobre as características intrínsecas do ato reproduzido. (p. 118)

Após essa revisão, bem como de minuciosas análises estatísticas, Durkheim conclui que, mesmo podendo originar casos individuais de suicídio, a imitação não contribui para modificações na propensão para esse ato – manifestada em diferentes sociedades e mesmo no interior de cada uma delas –, uma vez que ela não constitui um fator original, mas apenas reforça a ação de outros fatores determinantes da taxa social de suicídios (2003, p. 137). Assim, o contágio por via da imitação, com relação ao suicídio, não produziria efeitos sociais. Posteriormente, Durkheim (2003, p. 137) aponta justamente para a inadequação de se colocar a imitação como fator decisivo de toda vida coletiva (crítica, como vimos, direcionada à sociologia de Tarde). Ele encerra suas considerações sobre a imitação afirmando que os estados coletivos são demasiado resistentes para que a vontade ou inovação individual possam modificá-los (p. 137).

# 3.
# A IMITAÇÃO NOS ESTUDOS LINGUÍSTICOS

O problema da imitação está presente nos estudos linguísticos desde os seus primórdios, quando ainda não constituíam um campo autônomo de investigação científica, mas vinculavam-se às especulações filosóficas do século XVIII acerca da origem da linguagem e das línguas.

Com o florescimento da linguística histórico-comparativa, no século XIX, a imitação manteve seu lugar de destaque nas pesquisas sobre as origens da linguagem, entretanto sob outros fundamentos, como o evolucionismo darwiniano, que exerceu forte influência em praticamente todos os campos científicos da época.

A partir do corte imposto pela linguística estrutural do século XX, toda a temática da origem primeira da linguagem precisou ser revista e, de certo modo, foi abandonada. Para o estruturalismo linguístico, não há como se pensar a humanidade fora do registro simbólico da linguagem, sendo ela própria constituinte do homem. Torna-se, portanto, ilógico buscar as origens daquilo que sempre esteve presente, daquilo que é apriorístico, no sentido kantiano do termo. A imitação, anteriormente associada à questão das origens do fenômeno linguístico, não será, contudo, abolida das análises linguísticas juntamente com a proposta de pesquisa à qual estava entrelaçada, mas será transposta para as investigações relativas à aquisição da linguagem na criança, contexto em que será um elemento de grande relevância explicativa.

Percorreremos aqui, mesmo que não exaustivamente, os três momentos sobreditos referentes à teorização do fenômeno imitativo nos estudos linguísticos.

Destacamos, ademais, que as relações entre imitação e aquisição da linguagem foram trabalhadas não somente pela Linguística, mas também por outras áreas do saber, privilegiadamente a Filosofia e a Psicologia do Desenvolvimento.

## A imitação nas teorias sobre a origem da linguagem

De acordo com Stevens (1987) as teorias e hipóteses sobre a origem da linguagem e das línguas são elaboradas desde a Antiguidade, mas é no âmbito dos estudos linguísticos dos séculos XVIII e XIX que tais formulações ganharam relevo.

No século XVIII, destacam-se as teorias da linguagem (não propriamente linguísticas, no sentido moderno do termo) dos iluministas Jean-Jacques Rousseau (1712-1778) e Étienne de Condillac (1715-1780), que, apesar de apresentarem diferenças importantes, fundam-se sobre a mesma hipótese: a linguagem surge a partir de gestos designativos e imitativos, bem como de gritos naturais primevos.

Efetivamente, a linguística histórico-comparativa do século XIX, no tangente à origem da linguagem, apoiava-se sobre o mesmo pressuposto – a capacidade linguística é derivada de gritos expressivos (interjeições) e imitações de barulhos da natureza (onomatopeias[1]) –, entretanto esse pressuposto se desenvolve em concordância com as teorias da evolução dos naturalistas, entre os quais se destacam Lamarck e, sobretudo, Darwin.

Percebemos, em todas essas teorias, o papel nuclear desempenhado pela imitação nos primórdios da linguagem, como nos empenharemos em mostrar, de forma mais detalhada, em seguida.

## *A imitação no Ensaio sobre a origem das línguas, de Jean-Jacques Rousseau*

Em seu *Ensaio sobre a origem das línguas*, Rousseau (1998) elabora uma gênese ideal da linguagem, escrutinando suas características essenciais e avaliando as mudanças a ela impostas no decorrer da história.

A grande novidade de seu empreendimento, marca distintiva do *Ensaio*, é tomar a linguagem musical como paradigma

---

[1] A onomatopeia – unidade léxica criada por reprodução de um ruído natural – é, de fato, designada como palavra imitativa (Dubois *et al.*, 1993).

(Prado Jr., 1998, p. 15). Essa concepção rompe com toda uma tradição filosófica que privilegia, sistematicamente, um modelo representacional, pictórico e imagético de linguagem. Rousseau, em detrimento dos aspectos lógico-gramaticais de toda língua, enfatiza sua sonoridade, sua força, sua expressividade, que são, para ele, os elementos originários da linguagem.

É importante ressaltar que, sob a ótica rousseauniana, música e língua são uma só e mesma matéria. A genealogia da música corresponde à genealogia das línguas.

Ora, mas por que tomar a música como paradigma da linguagem? Como a música contribui na delimitação do campo linguístico? No intuito de respondermos a essas questões, entremos nos meandros da teoria da linguagem (originária) rousseauniana.

Há em Rousseau uma descontinuidade entre linguagem gestual – pantomima – e fala. Apesar de ambas serem pautadas pela imitação – de movimentos que impressionam os olhos e de sons que impressionam os ouvidos –, os gestos, segundo ele, são motivados por necessidades vitais: gesticula-se para dar vazão a uma inquietação natural, corpórea. Já a fala, articuladora de sons, não tem como fonte necessidades naturais, mas sim paixões, as quais Rousseau denomina "necessidades morais", como podemos verificar a partir da seguinte passagem:

> Não foi a fome nem a sede, mas o amor, o ódio, a piedade, a cólera que lhes arrancaram [aos homens] as primeiras

vozes. [...] para comover um jovem coração, para repelir um agressor injusto, a natureza dita acentos, gritos, lamentos. (p. 117)

Para o filósofo, todos os estímulos sensórios, recebidos passivamente pelos órgãos dos sentidos, são marcados por impressões morais. Por isso nos afetamos com o que vemos, escutamos, sentimos etc. Um homem que vê um colega sendo atacado por um animal selvagem forma, imediata e inevitavelmente, um juízo moral sobre essa impressão sensória e é afetado por ela. Daí as paixões, as afecções, serem necessidades morais. E é precisamente essa dimensão moral das sensações, formadora das paixões, a responsável pelo nascimento da linguagem como voz, fala, canto, prosódia, grito: pura energia expressiva. A cólera faz o homem urrar, a ternura dita melodias dóceis.

Pois bem, estamos diante de uma linguagem sonora, ou seja, uma linguagem musical, em que o sentido – moral – conferido às percepções prescindiria de qualquer concatenação sintático-gramatical: o próprio som articula o sentido. A respeito dessa língua musical em *status nascendi*, Rousseau diz:

> Como as vogais naturais são inarticuladas, as palavras teriam poucas articulações; algumas consoantes interpostas, eliminando o hiato das vogais, bastariam para torná-las correntes e fáceis de pronunciar. Em compensação, os sons seriam muito variados e a diversidade dos acentos multiplicaria as mesmas vogais; a quantidade, o ritmo, o acento, o número,

> que pertencem à natureza, deixam pouco a fazer às articulações, que pertencem à convenção; cantar-se-ia em lugar de falar, a maioria das palavras radicais seria feita de sons imitativos, de acentos das paixões ou de efeitos dos objetos sensíveis: a onomatopeia far-se-ia sentir continuamente. (1998, p. 121)

A teoria da imitação servirá a Rousseau de suporte à ideia da música como linguagem originária. De fato, no escopo do *Ensaio*, "a teoria da imitação musical fornece o quadro de referência de *uma concepção da linguagem como imitação*" (Prado Jr., 1998, p. 62, itálicos nossos). Passemos ao exame de tal questão.

Ao longo de sua análise da música e, portanto, da linguagem, Rousseau enumera uma série de contingências responsáveis pela formalização da linguagem musical. A progressiva "harmonização" da música a fez perder sua intensidade, sua prosódia variada e sua sucessão melódica contínua. A linguagem foi, assim, no curso da história da humanidade, perdendo sua força expressiva, sua capacidade de refletir os acentos das paixões, em prol de uma paulatina racionalização, de uma logicização linguística favorecedora da clareza comunicativa. A fala perdeu, desse modo, sua correspondência com o canto. As palavras perderam sua vocação oral, retórica, e inflaram suas qualidades representacionais, o que corresponderia à progressão da escrita (Rousseau, 1998, p. 128).

Ora, se a linguagem musical paradigmática de Rousseau tem como substrato a imitação dos sons, acentos e ritmos existentes na natureza, a submissão da música a regras de composição – criação da função tonal, delimitação de campos harmônicos, abolição da enarmonia etc. – equivaleria ao estabelecimento de "regras de imitação" (Rousseau, p. 183) que restringiriam, como foi dito, suas capacidades expressivas: "Ao dar-se regras de imitação, ela se torna incapaz de imitar e se estiola" (Prado Jr., 1998, p. 62). Temos, então, como bem sublinha Bento Prado Jr., a vinculação entre *imitação e força*, associação que traz consigo importantes consequências.

Em Rousseau, a imitação não é, de maneira alguma, simples reprodução de estados e entes da natureza. Pelo contrário, todo processo imitativo implica uma impregnação das paixões despertadas no imitador por aquilo que ele percebe, por aquilo que sente. A imitação, como atividade passional, confere intensidade e expressividade àquilo que é percebido e imitado. O homem, ao imitar, imprime uma conotação moral ao que lhe é dado aos sentidos; imprime, *ipso facto*, força à natureza.

Daí a valorização rousseauniana da imitação musical e da música – marcadamente a música originária (pura voz cantada, pura melodia, não desgastada pela primazia da harmonia) – em detrimento da imitação pictórica e das artes visuais. Somente a imitação musical, não submetida a regras representacionais de composição, mantém seu caráter expressivo. De tal forma, só ela preserva aquilo mesmo que a define, ao contrário das imitações pictóricas e harmônicas, que, sujeitadas à técnica, à lógica e ao raciocínio, apagam a marca distintiva da atividade de imitar: a força que põe em movimento a alma e suas paixões.

É esse aspecto não representacional da linguagem musical que nos permitirá formular aquilo que seria, no *Ensaio* de Rousseau, o conceito de imitação. A música, burlando a função representativa da linguagem, volta-se para o que Bento Prado Jr. chama de "o irrepresentável" (1998, p. 65). Nas palavras de Rousseau (1998): "Uma das maiores vantagens do músico é a de poder pintar as coisas que não se podem ouvir, enquanto é impossível ao pintor representar aquelas que não se podem ver [...]" (p. 178).

A essência da imitação (musical), por assim dizer, seria justamente sua qualidade "não figurativa, indireta" (1998, p. 66), para utilizarmos uma vez mais uma expressão de Bento Prado Jr. Aí reside a originalidade da teoria rousseauniana da imitação e também seu aspecto paradoxal: ao mesmo tempo que a natureza é o fundamento da imitação, esta a transpõe, para, finalmente, retornar a ela. Paradoxo muito bem sintetizado em uma bela passagem de Jacques Derrida:

> Em diferentes níveis, a natureza é o solo, o grau inferior: é preciso transpô-lo, excedê-lo, mas também, alcançá-lo. É preciso retornar a ele, mas sem anular a diferença. Esta deve ser quase nula: a que separa a imitação do que ela imita. É preciso, pela voz, transgredir a natureza animal, selvagem, muda, infante ou gritante; pelo canto transgredir a voz. Mas o canto deve imitar os gritos e os lamentos [ditados pelos sons da natureza]. De onde uma segunda determinação polar da natureza: esta se torna a unidade

> – como limite ideal – da imitação e do que é imitado, da voz e do canto. Se essa unidade fosse completa a imitação seria inútil [...] (2006, p. 241)

A imitação empresta à natureza um acento e uma força propriamente humanos, ultrapassando-a. Dessa maneira, faz com que ela se apresente aos homens, que podem, então, alcançá-la: "[...] é apenas *pela imitação* que a natureza se mostra e se deixa ver" (Prado Jr., 1998, p. 67, itálicos do autor).

A título de conclusão, podemos dizer que, no pensamento de Rousseau, a linguagem originária – essa linguagem ideal, em todas as acepções do termo – era imitativa, e que qualquer linguagem somente o é "quando é indireta, quando afeta a alma, a disposição do coração, sem necessariamente representar as coisas que são apenas a ocasião dessas afecções" (1998, p. 69).

## A imitação na teoria da origem da linguagem de Condillac

Em seu *Ensaio sobre a origem dos conhecimentos humanos*, Étienne Bonnot de Condillac (1924) busca esclarecer as operações envolvidas na formação da capacidade intelectiva humana. Trata-se, portanto, de um escrito de teoria do conhecimento, no qual se almeja remontar às origens das ideias, aos processos inerentes à sua constituição, bem como traçar seu desenvolvimento até as formas mais complexas do pensamento.

Para tal, Condillac recorre a um método genético, explicitado logo na introdução de seu *Ensaio* (1924, p. 3). Ele pretende mostrar qual é a fonte de nossos conhecimentos, reduzindo a um só princípio tudo o que concerne ao entendimento humano, como declara o próprio subtítulo do *Ensaio* – obra em que se reduz a um só princípio tudo o que concerne ao entendimento.

Condillac, então, propõe como fundamento da atividade intelectiva a associação, empreendida pelo espírito humano, entre ideias e signos (*signes*)[2], que, por sua vez, permite o vínculo entre as próprias ideias (p. 3-4). Essa ligação (ideias ↔ signos) será justamente a base sobre a qual Condillac desenvolverá seu pensamento a respeito do entendimento e dos mecanismos que o regem. Daí a importância dada à linguagem, à qual é dedicada toda a segunda parte do *Ensaio*[3].

Em consonância com suas preocupações genéticas e principistas, Condillac interessa-se especialmente pela origem da linguagem. Assim, tal qual Rousseau, ele traz à baila uma suposta linguagem originária e delimita suas características e as mudanças que lhe foram impressas no decorrer da história,

---

[2] O termo "signo" não deve ser, aqui, entendido em sua acepção saussureana, mas em um sentido bem mais amplo e corriqueiro, que englobe qualquer fato ou evento imediatamente perceptível que possibilite o conhecimento de qualquer coisa relativa a outro fato ou evento não imediatamente perceptível. Assim tomado, o signo pode ser um equivalente de "sinal".

[3] A primeira parte da obra contempla o material dos conhecimentos humanos – operações da alma (percepção, consciência, atenção, memória etc.) e sensações –, bem como a distinção entre alma e corpo. A terceira e última parte do livro de Condillac é reservada a considerações sobre o método.

sempre comparando seus diversos aspectos com as línguas modernas, avaliando suas diferenças, qualidades e desvantagens.

É nos meandros dessa linguagem primeva que a imitação – tópico de nosso interesse – desempenha um papel de extrema relevância como ferramenta explicativa. Advertimos, no entanto, que Condillac não elabora uma teoria da imitação, como se pode dizer de Rousseau.

Pois bem, a linguagem originária de Condillac é, essencialmente, uma linguagem de ação – *"langage d'action"* (1924, p. 114) –, constituída apenas por contorções e agitações motoras violentas, acompanhadas de gritos expressivos.

Temos, no que se refere a essa linguagem de ação (linguagem originária), o seguinte quadro: um homem diante de uma situação de perigo, por exemplo, emite gritos e profere gestos como reação a esse cenário específico. Nesse momento, o que se apresenta não é nada além de um reflexo, uma expressão involuntária. Contudo, outro homem que presenciou a situação anteriormente descrita usa, posteriormente, os mesmos gritos (mesma altura, intensidade, prosódia etc.) e os mesmos gestos para alertar um terceiro que se encontra em similar posição de perigo. Esse uso dos gritos expressivos e dos movimentos corporais não é mais reflexo, haja vista seu caráter intencional, refletido. Tal uso passa a ter um propósito comunicativo (a saber, alertar um semelhante em risco) e tornam-se, pouco a pouco, signos que designam o perigo de um modo geral. E assim se teria passado com inúmeras outras circunstâncias – fome, sede, desamparo, piedade, cólera, amor etc. (Condillac, 1924, p. 112-113).

Ora, mas por que meios esses homens primevos eram capazes de repetir expressões vocálicas e corpóreas em ocasiões distintas daquela em que foram produzidas natural e originalmente? Justamente pela imitação. Por ser capaz de imitar aquilo que outrora fora percebido é que o homem pôde fazer um uso linguístico de agitações motoras e urros que eram inicialmente reações naturais.

A atividade imitativa, na concepção condillaquiana, possibilitou, nos primórdios da linguagem, a representação corporal (trata-se de uma linguagem de ação) de um acontecimento passado ou de um objeto não mais presente, instaurando, assim, as dimensões representativa e comunicativa de toda linguagem.

Destarte, essa linguagem germinal configura-se pela generalização da imitação de reações corporais (os já mencionados gritos expressivos e agitações motoras) para situações outras que não aquela a ser tomada como modelo e que produziu a ação involuntária. Efetivamente, trata-se de uma linguagem imitativa por excelência.

Nesse contexto, os signos são basicamente interjeições e onomatopeias, como podemos depreender da seguinte ilustração fornecida por Condillac: "[...] os primeiros nomes de animais imitavam-lhes verossimilhantemente o grito: observação que convém igualmente àqueles que foram dados aos ventos, aos rios e a tudo que fazia algum barulho" (p. 119).

Ademais, Condillac salienta a eficácia da linguagem imitativa como forma de retratar e afetar o espírito humano, do que se depreende sua funcionalidade expressiva e comunicativa, razão de sua propagação. É o que pode ser confirmado pela passagem a seguir com a qual finalizamos nossas considerações sobre a teoria da origem da linguagem condillaquiana: "Com efeito, qual é o som mais apropriado a exprimir um sentimento da alma? É inicialmente aquele que imita o grito que é seu signo natural [...]" (p. 195).

## *A imitação na linguística histórico-comparativa*

As teorias linguísticas do século XIX (comumente agrupadas sob a rubrica da Gramática Comparada) mantêm, com relação à temática da origem da linguagem, uma grande proximidade com as especulações do século anterior. Todas partem do seguinte pressuposto anteriormente mencionado: a capacidade linguística é derivada de gritos expressivos e imitações de barulhos da natureza. A grande inovação da ciência linguística incipiente foi buscar o marco zero da linguagem não a partir de hipóteses pré-linguísticas (caso de Rousseau e Condillac, que teorizam sobre a origem da língua postulando um momento histórico inescrutável no qual o homem se encontrasse ainda fora dela), mas por meio do estudo da estrutura das línguas faladas e da comparação de seus elementos internos. Citamos A. Stevens (1987):

Ainda que haja uma certa ingenuidade nas tentativas de reconstrução de uma língua originária [...], o fato de se fundar sobre o estudo dos signos para inferir causas para a origem desses signos caracteriza, não obstante, a diferença primeira entre a linguística do século XIX e as hipóteses do século XVIII. (p. 51, tradução nossa)

Outra particularidade das teorias do século XIX, sobretudo a partir da guinada naturalista que A. Schleider[4], autor de *A teoria darwiniana e o espírito das línguas*, confere-lhes, são as tentativas de explicar uma suposta transição da expressividade animal para a linguagem humana. Trata-se, segundo Stevens, de restabelecer o elo perdido – "*le chainon manquant*" (1987, p. 49) – do evolucionismo, devolvendo ao homem seu pertencimento à natureza e sua intimidade com ela – ideia cara ao Romantismo alemão, contexto intelectual ao qual se vincula o grosso das pesquisas da linguística histórico-comparativa (Paveau; Sarfati, 2006, p. 11-12).

Para levar a cabo tal programa, a ciência da linguagem da época lançou mão do evolucionismo darwiniano, do qual se podia depreender uma formulação acerca do suposto *continuum* entre animal e homem no que concerne à linguagem. E é justamente nesse ponto que a imitação se coloca, uma vez mais,

---

[4] Para um panorama das diretrizes propostas por Schleider à ciência linguística, ver Paveau e Sarfati (2006, p. 20-24).

como ferramenta explicativa da origem da língua humana. Recorramos a Darwin (1981):

> Algum antigo ancestral do homem serviu-se provavelmente muito de sua voz, como o fazem ainda nos dias atuais certos gibãos, para emitir verdadeiras cadências musicais, isto é, para cantar. Não parece impossível que algum animal semelhante a um macaco tenha tido a ideia de *imitar o urro de um animal feroz para prevenir seus semelhantes do tipo de perigo que os ameaçava. Existiria num fato de tal natureza um primeiro passo em direção à formação de uma linguagem.* (p. 92, tradução e itálicos nossos)

Com base na citação anterior, observa-se que Darwin e vários linguistas do século XIX e início do século XX atribuem à linguagem humana uma origem instintiva (em continuidade com a expressividade animal), sendo a imitação a responsável pelo seu uso comunicativo (o canto e o grito expressivo ganham significação por intermédio de um ato imitativo realizado em um contexto específico que depois se generaliza[5]) e, consequentemente, pela sua propagação.

---

[5] Ressalta-se a proximidade entre tal concepção e a descrição condillaquiana da emergência da língua originária.

## A imitação na linguística estrutural

Com o advento da linguística estrutural de Ferdinand de Saussure (1857-1913), a imitação terá seu valor explicativo radicalmente transformado no âmbito dos estudos linguísticos. O pressuposto saussureano referente à arbitrariedade do signo (Saussure, 1988, p. 79-83) opõe-se a qualquer assunção de continuidade entre as gesticulações designativas, os ruídos da natureza e os gritos expressivos, de um lado, e a linguagem humana, de outro, estando esta última assentada essencialmente em relações de oposição entre significantes. Entre a expressividade natural e os sistemas linguísticos partilhados pelos homens há um abismo impossível de ser transposto por qualquer tipo de manifestação imitativa.

A partir da linguística estruturalista, as onomatopeias e interjeições (tomadas como produções linguísticas cuja forma fônica seria motivada, isto é, não arbitrária) perdem paulatinamente sua importância como supostos elementos originários da língua, seja porque as palavras onomatopaicas e as interjeições recobrem uma fatia ínfima de qualquer língua em comparação à vastidão dos significantes que a compõem, seja pelo fato de a própria não arbitrariedade onomatopaica ou interjetiva ser posta em xeque pelo linguista genebrino.

De fato, as onomatopeias não são mais do que imitações aproximativas (Saussure, 1988, p. 83): o latido de um cachorro não é idêntico ao "*au-au*" utilizado para expressá-lo, da mesma forma que não poderíamos atestar que o som de alguém caindo em uma piscina corresponde exatamente ao famoso "*tchibum!*" Quanto às interjeições, suas próprias variações nas diferentes línguas impedem que sejam tidas como motivadas: um "*ai-ai*" (em português) ou um "*ouch*" (em inglês) proferidos por alguém que experimenta alguma dor, não são, de forma alguma, expressões ligadas a determinações de ordem natural.

Pois bem, se é certo que as considerações sobre a imitação tomam outro rumo com o advento do estruturalismo, é certo também que elas não desapareceram das análises linguísticas. A teorização dos fenômenos imitativos foi deslocada das especulações a respeito de uma suposta origem absoluta da linguagem para as investigações acerca da aquisição da linguagem pela criança, como anunciado na introdução deste texto. Nesse novo cenário, os apontamentos de Roman Jakobson (1896-1982) – linguista tcheco, expoente da Escola de Praga –, contidos no primeiro dos cinco ensaios que compõem o seu *Lenguaje infantil y afasia* (1969), podem ser tomados como paradigmáticos e serão objeto de nossa atenção em seguida.

## *Imitação e aquisição da linguagem pela criança segundo Roman Jakobson*

Em "La evolución fónica del lenguaje infantil y de la afasia como problema lingüístico", artigo que abre *Lenguaje infantil y afasia*, Jakobson (1969) propõe como programa de pesquisa a delimitação e análise das leis gerais que regem a aquisição da linguagem pelas crianças, mais especificamente a aquisição dos fonemas, bem como sua deterioração nos transtornos afásicos[6]. O linguista tcheco acredita que os danos afásicos reproduzem inversamente a ordem das aquisições fonológicas infantis[7].

Antes de analisar as leis reguladoras da aquisição fonética propriamente dita, Jakobson tece algumas considerações preliminares sobre sua natureza. É nesse ponto que o problema da imitação ganha importância.

Ele identifica, de início, duas posturas antagônicas concernentes à interação entre linguagem infantil e língua materna. A primeira, comum em alguns estudos linguísticos do século XVIII, destacava a discrepância entre a linguagem da criança, sobretudo crianças de menor idade, e a língua materna. Essa corrente de investigação privilegiava certa criatividade da criança em remodelar a língua, impregnando-a com idiossincrasias. A segunda corrente mencionada por Jakobson, autodenominada realista e representada por alguns pesquisadores da linguagem infantil do século XIX (principalmente Wundt e Maringer), reduzia as atividades linguísticas infantis a simples imitações exatas dos modelos oriundos da língua materna, progressivamente adquirida. A linguagem da criança seria, assim, uma cópia mecânica dos estímulos linguísticos oferecidos pelo seu ambiente, mormente o familiar.

Jakobson propõe, então, uma posição intermediária em relação às duas vertentes acima apresentadas. Para ele, a

---

[6] No presente trabalho, ficaremos restritos à aquisição da linguagem no que diz respeito às elaborações acerca da imitação.

[7] Essa hipótese de trabalho será revista no decorrer de seu percurso teórico.

aquisição dos fonemas pela criança se dá, de fato, por imitação, e não exclusivamente por uma série de modificações inventivas. As imitações responsáveis pela aquisição fonética, no entanto, não possuem uma equivalência exata com o modelo adulto. O empréstimo pela criança, por via da imitação, do arcabouço linguístico que lhe é disposto pela cultura não é feito de forma mecânica e passiva. Citemos Jakobson (1969):

> [...] cada imitação requer uma opção, e origina, assim, uma distância criadora em relação ao modelo; certas partes deste são eliminadas, e outras, amplamente remodeladas. Pode ocorrer, então, que o sistema fônico da criança apresente, apesar de sua dependência do sistema adulto, elementos totalmente estranhos ao modelo. (p. 20-21, tradução nossa)

Ele enxerga nestes dois polos da aquisição da linguagem – reprodução e remodelação – a atuação dos dois princípios antagônicos formulados por Saussure e presentes, simultaneamente, segundo este último autor, em todo o desenvolvimento de uma língua: o *espírito particularista* e a *força unificadora*[8] (1969, p. 24).

Mas a que são devidas as modificações operadas pela criança em sua apropriação imitativa da língua materna? Às suas próprias possibilidades fonatórias, responde Jakobson

---

[8] Para uma definição e análise desses dois princípios, ver Saussure (1988, p. 238-240).

(1969, p. 27). O aparato vocálico das crianças pequenas ainda não possui a maturação necessária para a reprodução exata da língua materna, tal qual falada pelos adultos. Dessa forma, as "criações" acrescentadas ao modelo linguístico imitado, longe de serem conscientes e intencionadas (inventivas), são o resultado de uma impossibilidade orgânica compensada pela criança em seu esforço de apropriação da língua, e as imitações em si não necessitam de uma consciência intencional.

Jakobson fornece, com vistas a embasar sua hipótese, um conjunto de exemplos que ilustram as modificações fonéticas imprimidas pela linguagem infantil em diferentes línguas (russo, tcheco, francês, dinamarquês etc.). Será a partir daí que ele deduzirá as leis gerais da aquisição fonética na criança.

É importante ressaltar que os fonemas resultantes dos acréscimos ou subtrações engendrados pela criança à língua materna constituem o que Jakobson chama de *balbucio* – soma de sons articulados pelo infante nos primórdios da linguagem infantil e que não têm correspondência na língua materna ou em qualquer outra língua falada (1969, p. 31). O período de balbucio é caracterizado por Jakobson como pré-linguístico e pré-comunicacional, uma vez que ele antecede a aquisição das primeiras palavras e, por conseguinte, a entrada na língua propriamente dita, precedendo, da mesma maneira, a qualquer capacidade de semantização. Com efeito, as observações e pesquisas de vários linguistas indicam que o balbucio das crianças do mundo inteiro seriam similares – bebês japoneses balbuciariam os mesmos fonemas que bebês brasileiros, fonemas estes que não pertenceriam a nenhuma língua materna (Jakobson, 1969, p. 31-32). Tratar-se-ia de uma espécie de *linguagem universal*.

Para ascender a uma etapa propriamente linguística da aquisição da linguagem, a criança se vê obrigada a perder muitos desses fonemas, que acabam por desaparecer, apesar de serem o fundamento sobre o qual se erguem todos os sistemas linguísticos (Jakobson, 1969, p. 31).

Feitas essas considerações sobre o resultado das "imitações criadoras" da criança no processo de aquisição da linguagem, voltemos ao exame de outras características dessa imitação.

Vimos há pouco que o processo de aquisição dos sons de uma língua se dá por meio de consecutivas "imitações modificadas". Jakobson atribui o que há de *modificado* em comparação ao modelo, nesse processo, ao *espírito particularista*, ao passo que aquilo que é da ordem da reprodução, da imitação propriamente dita, ele associa à *força unificadora* (1969, p. 24), qualificação inspirada nos princípios saussureanos de desenvolvimento e dispersão da língua, como já mencionamos. Contudo, Jakobson enriquece essa tipologia acrescentando que as reproduções imitativas, regidas pela *força unificadora*, possuem dois vetores (p. 24): podem partir tanto da criança para o adulto (criança → adulto) como do adulto para a criança (adulto → criança).

O primeiro vetor corresponde aos esforços imitativos empreendidos pela criança em suas tentativas de apropriação da língua falada pelos adultos. Podem referir-se às imitações da fala do adulto assim como à repetição, perpetrada pela criança, de sua própria produção sonora, processo denominado *autoecolalia*, essencial, segundo Jakobson, para o bom desenvolvimento da linguagem infantil, o que é atestado pelos distúrbios da fala verificados em crianças com transtornos auditivos (p. 32).

O segundo vetor imitativo (adulto → criança) diz respeito às modificações impostas pelos adultos à língua ao dirigirem-se à criança ou simplesmente ao falarem entre si na presença dela. Eles ajustam, mesmo que inconscientemente, sua fala às particularidades fonéticas, sintáticas e semânticas do infante, evitando o uso de expressões que lhe seriam inacessíveis. Ou seja, ao defrontar-se com o tipo peculiar de apropriação da língua feita pela criança, o adulto a imita, de modo a tornar suas enunciações próximas das possibilidades linguísticas infantis. Daí as crianças (sobretudo as mais pequenas) tornarem-se *imitadoras imitadas* (p. 24).

Jakobson apelida esse recurso linguístico de *"linguagem de babás"* (1969, p. 24). Trata-se do famoso *manhês* ou *mamanhês*, fala caracterizada pela incidência de picos prosódicos, sintaxe simplificada (uso prolífero de substantivos, adjetivos e verbos e ausência de conectivos gramaticais), evitação de encontros consonantais e grande número de repetições silábicas (Jerusalinsky, 2004, p. 206). A intenção de conseguir que a palavra resulte acessível à criança, em um verdadeiro jogo de imitações, testemunhado pelo *manhês*, deixa seus resquícios em diversas ocasiões da vida dos adultos, marcadamente nos diálogos entre enamorados, revelando a pregnância de elementos infantis na vida afetiva, fato que a psicanálise foi pioneira em descrever e valorizar (Jakobson, 1969, p. 24-25).

Não obstante, com o progressivo desenvolvimento de suas capacidades linguísticas, a criança passa a se irritar com a forma infantilizada de os adultos dirigirem-se a ela, imitando-a. E, mesmo que ainda não seja capaz de reproduzir com fidedignidade a língua materna, protesta contra as tentativas de adaptação desta às suas possibilidades (Jakobson, 1969, p. 33-34).

Por fim, vale destacarmos que Jakobson ainda discorre sobre a imitação no âmbito das interjeições e das onomatopeias, não para delas deduzir a origem da linguagem, mas antes para endossar as teses saussureanas contra sua suposta não arbitrariedade. Para isso, ele retoma a aquisição fonética da criança e verifica que os sons utilizados nas exclamações interjetivas e nas onomatopeias variam de acordo com suas possibilidades articulatórias. Assim, em um primeiro momento, uma menina sonorizava seu riso com um "*gaga*", para só depois vocalizá-lo com o "*haha*". Do mesmo modo, muitas crianças imitam o latido de um cachorro com um "*didi*" antes de expressá-lo com o "*au-au*" (Jakobson, 1969, p. 38-39). Essas progressões fonéticas observáveis na criança contradizem o suposto caráter não arbitrário das onomatopeias e interjeições.

# 4.
# A IMITAÇÃO NA PSICOLOGIA DO DESENVOLVIMENTO

Os processos imitativos são percebidos e estudados pela psicologia como fenômenos fundamentais para o desenvolvimento infantil, tanto social quanto cognitivo, e, embora haja certo consenso quanto a esse aspecto, os diferentes teóricos da imitação divergem consideravelmente quanto à capacidade que, em diferentes idades, a criança possui de imitar, além de se diferenciarem quanto aos fenômenos de imitação estudados.

Realizaremos, portanto, uma breve revisão dos trabalhos dos principais autores que enfocaram o tema da imitação na área da Psicologia do Desenvolvimento. Com esse propósito, abordaremos as principais ideias desenvolvidas por James Mark Baldwin, Henri Wallon, Lev Semionovitch Vigotski, Jean Piaget, Renné Spitz, Andrew Meltzoff e os pesquisadores da Teoria da Aprendizagem Social.

# A imitação em James Mark Baldwin

James Mark Baldwin (1861-1934) é, sem dúvida, uma figura central na história da Psicologia. Seus escritos e suas pesquisas contribuíram em muito para a consolidação da Psicologia como ciência autônoma, o que é atestado pelo seu pioneirismo no estudo de vários tópicos que se tornaram clássicos na pesquisa psicológica. Sua proposta de estudo experimental e quantitativo do desenvolvimento infantil, cujos resultados foram sistematizados em seu *Mental development in the child and in the race: methods and processes* (1895), influenciou, em grande medida, as pesquisas de Jean Piaget[1] e Lawrence Kohlberg. Da mesma forma, as elaborações sobre desenvolvimento moral e Psicologia Social[2], expostas em *Mental development* e também em *Social and ethical interpretations in mental development: a study in social psychology* (1889), tiveram grande repercussão na Escola Russa de Psicologia (Vigotski, Luria e Leontiev). O pioneirismo e a influência das pesquisas de Baldwin podem ser constatados, inclusive, na psicanálise de Jacques Lacan, que recorre a seus experimentos com crianças para situar a vigência do estádio do espelho, localizando-o a partir do sexto mês de vida do infante (Lacan, 1949).

---

[1] Curiosamente, a principal amostra de Baldwin nas suas pesquisas acerca do desenvolvimento mental infantil foram suas filhas (Helen e Elizabeth), assim como, ulteriormente, foi o caso de Piaget.

[2] Trata-se de uma psicologia social de orientação bastante naturalista, influenciada pelo evolucionismo darwiniano.

Baldwin foi contemporâneo do nascimento da ciência psicológica e, após sua formação inicial em Princeton, partiu para Leipzig, na Alemanha. Lá, fez parte da equipe de pesquisadores que trabalhavam com Wilhelm Wundt em laboratório, o que é considerado por muitos o marco inaugural da Psicologia. Essa passagem pelo Laboratório de Leipzig marcou sua formação e definiu a Psicologia Experimental de Wundt, Fechner, Ernst Weber e outros como o principal fundamento de suas futuras investigações. Assim, a Psicologia de Baldwin é permeada por referências à fisiologia dos processos mentais (memória, percepção, pensamento etc.) e às motivações orgânicas do comportamento, sendo este considerado a partir da decomposição de seus elementos constituintes[3]. Podemos dizer, desse modo, que sua psicologia, marcadamente organicista, se configura como uma verdadeira psicofisiologia.

Outra importante influência nos estudos de Baldwin é a teoria da evolução, matéria com a qual tinha grande familiaridade, tendo, inclusive, deixado entre seus escritos algumas considerações sobre o tema. Suas ideias sobre o evolucionismo constituem, de fato, um de seus principais legados e ficaram conhecidas como *"Baldwin effect"*[4]. Em seus artigos

---

[3] Tais influências podem ser percebidas, de maneira clara e sintética, em *Postulates of Physiological Psychology* (1887) e no *Handbook of Psychology: Senses and Intellect* (1889).

[4] O *"Baldwin effect"* refere-se à proposição de que há um mecanismo pelo qual fatores epigenéticos modelam o genoma, assim como o faz a pressão da seleção natural.

psicológicos, essa inspiração evolucionista se torna evidente por meio da insistente afirmação da necessidade de adaptação do organismo às exigências de seu ambiente como causa de diversos atos mentais, bem como em várias outras proposições de caráter funcionalista.

Baldwin, além de ser psicólogo, possuía uma sólida formação filosófica, tendo-se dedicado, nesse âmbito, principalmente à epistemologia. A abrangência de seus interesses se refletiu na extensão e diversidade de sua obra, que vai desde artigos relacionados ao desenvolvimento de faculdades cognitivas na infância até um escrito sobre o idealismo do filósofo holandês Espinosa, passando por reflexões a respeito da Primeira Guerra Mundial. As preocupações psicológicas e filosóficas de Baldwin convergem no *Dictionary of Philosophy and Psychology* (1901), obra que contou com a colaboração de importantes filósofos do pragmatismo americano (William James, Charles Sanders Peirce, John Dewey, entre outros) e de psicólogos da envergadura de James McKeen Cattell, Edward B. Titchener e Hugo Münsterberg.

Ademais, ressaltamos a longa e fecunda carreira acadêmica de Baldwin, que lecionou em universidades de diferentes países (Canadá, Estados Unidos, México e França), onde participou da criação de importantes laboratórios de psicologia experimental.

A imitação é um dos fenômenos mais trabalhados por Baldwin no decorrer de sua obra e, em relação a ela, o seu já mencionado pioneirismo impõe-se fortemente. Ele foi o primeiro psicólogo a debruçar-se sobre a imitação[5] e suas contribuições sobre esse tema foram apropriadas posteriormente por outros autores.

De fato, os fenômenos de assimilação e acomodação descritos por Baldwin foram retomados por Piaget e se converteram em elementos essenciais de sua psicogenética, sobretudo sua teoria da imitação. Henri Wallon, por sua vez, apropriou-se de vários conceitos baldwinianos concernentes aos processos imitativos, como o de reação circular (também utilizado por Piaget na fundamentação de sua Psicologia do Desenvolvimento) e o de estágio projetivo nos primeiros tempos da formação do Eu na criança.

A teoria da imitação de Baldwin está contida, essencialmente, no seu artigo "Imitation: a chapter in the natural history of consciouness" (1894), em que ele sistematiza suas ideias sobre o fenômeno imitativo e suas implicações em vários aspectos do desenvolvimento mental. Nesse texto, ele explicita e discute aquele que, a nosso ver, é o principal pressuposto de sua teoria da imitação: a consciência – presente desde os primórdios da vida mental – preconiza, por necessidades evolucionistas de adaptação, a repetição de reações úteis. Essa e outras teses expostas no "Imitation" são retomadas em alguns escritos ulteriores (Baldwin, 1895) sem modificações consideráveis.

---

[5] Os interesses de Baldwin a respeito da imitação o levaram inclusive, em 1892, à França, onde visitou Charcot na Salpêtrière, Hippolyte Bernheim em Nancy, além de Pierre Janet, todos, na época, às voltas com a hipnose e suas relações com a sugestão.

Já em seu *Dictionary of Philosophy and Psychology* (1901), Baldwin apresenta, sucintamente, uma revisão da literatura sobre a imitação presente em diversos campos do conhecimento, como a Psicologia, a Sociologia e a Estética, além de resumir suas próprias ideias sobre o conceito em questão e outros que lhe são afins, como o mimetismo e a mímica (*mimicry*).

Inicialmente, apresentaremos os apontamentos de Baldwin acerca do fenômeno imitativo, presentes no *Dictionary*, para, em seguida, expormos mais detalhadamente sua teoria da imitação a partir do "Imitation".

## A imitação no *Dictionary*

No *Dictionary*, Baldwin delimita uma primeira acepção geral de imitação que corresponderia ao uso comum da palavra: imitação se referiria a todo movimento ou pensamento executado por determinado indivíduo e percebido como pertencendo originariamente a uma outra pessoa tomada como modelo. Tal concepção pressupõe que o imitador tenha consciência de sua imitação.

Visando a ampliar essa concepção restrita da imitação, Baldwin propõe designá-la de imitação consciente, em oposição tanto à sugestão imitativa, quando a imitação é percebida apenas para um observador e não para aquele que imita, quanto à imitação plástica, que é aquela que se caracteriza pela adesão subconsciente a ações e pensamentos, como ocorreria nas multidões, por exemplo.

Ele destaca, ainda, duas outras acepções de imitação: 1) Qualquer repetição em pensamento ou ato que reinstala um modelo ou cópia. Essa definição seria mais abrangente, pois incluiria a autoimitação – repetição daquilo que está na própria mente do imitador. Nesse âmbito, preconiza-se uma identidade entre o modelo e o ato imitativo executado, mas a consciência desse procedimento não é necessária. É assim que Baldwin compreende o uso que o sociólogo Gabriel Tarde e o filósofo William James fazem do termo imitação. 2) Reação orgânica a um estímulo que se autossustenta. Esse tipo de "imitação orgânica" é também denominado por Baldwin de "reação circular". Por tratar-se de uma noção neurofisiológica, ele aconselha evitar a palavra imitação.

Baldwin estabelece, por fim, uma espécie de tipologia da imitação e distingue: (a) *imitações espontâneas* de *imitações deliberadas* (tanto umas quanto as outras seriam originalmente voluntárias, mas as primeiras se tornariam, com o tempo, automáticas); (b) *imitações simples* de *imitações persistentes* (as primeiras seriam equivalentes a repetições involuntárias deflagradas por impulsos imitativos, as outras, repetições voluntárias que almejam progressivamente a semelhança completa ao modelo copiado, o que se dá pelo mecanismo que Baldwin chama de "*try-try again*"); (c) *imitações impulsivas* de *imitações remotas* (aquelas emergindo de um impulso direto para imitar, e estas, de um motivo oculto).

Paralelamente à imitação, o mimetismo é definido por Baldwin como uma forma de se assemelhar a algo ou a alguém na qual aquilo que é assemelhado (o modelo) é, por si só, um fator de produção de comportamentos imitativos.

Já a mímica é colocada por ele em um plano orgânico e retrataria uma repetição impulsiva (sem controle voluntário) daquilo que é percebido (visto ou ouvido) por dado indivíduo, condição comum em pacientes com determinadas lesões cerebrais.

Vistas as considerações gerais sobre a imitação contidas no *Dictionary*, passemos à exposição de seus mecanismos de operação e de suas vastas relações com o desenvolvimento mental, dentre outros aspectos contemplados por Baldwin em "Imitation: a chapter in the natural history of consciousness".

## A imitação em "Imitation", de Baldwin

Baldwin inicia o texto em questão apontando para o fato de que, apesar de ser a imitação um fenômeno tão usual na vida mental, ela foi deixada de lado pela maioria dos psicólogos (1894). Ele se propõe, então, a investigar seu funcionamento e suas implicações no desenvolvimento psicológico, começando por uma definição geral do ato imitativo: *a imitação é uma simples reação sensório-motora que tem como única peculiaridade o fato de que imita (reproduz) algo* (Baldwin, 1894). Tal definição, bastante tautológica, será desenvolvida e fundamentada na sequência do texto. Baldwin afirma que a imitação seria análoga ao que ele chamou, em um plano orgânico, de *atividade ou reação circular* (1894). Nesta, um estado mental provocado por um estímulo qualquer provoca uma reação muscular capaz de repetir o estímulo que havia desencadeado o estado mental anterior e, assim, sucessivamente.

Baldwin busca, por ora, delimitar o lugar da imitação no desenvolvimento mental por duas vertentes: 1) investigar na natureza (mundo externo) a existência de repetições propriamente ditas que serviriam de estímulo para as reações circulares e, por conseguinte, para a imitação; 2) deduzir sua função a partir da teoria neurológica e psicológica da repetição.

Com relação à primeira vertente, ele afirma que a natureza não apresenta repetições suficientes para explicar a profusão de reações circulares vistas no organismo, tampouco para lançar luz sobre os diversos comportamentos imitativos observados ao longo do desenvolvimento individual.

Baldwin opta, então, pela segunda hipótese e afirma que, se de fato o desenvolvimento do organismo se dá por reações circulares – às quais, em um plano comportamental, corresponderiam às imitações –, faz-se imperativo saber em que tipo de reação enquadra-se a imitação: no grupo de reações que envolvem a consciência ou naquele que prescinde de tal atributo. Para Baldwin, o fenômeno imitativo refere-se, em grande medida, a processos conscientes e, mais especificamente, a um tipo particular desses processos, a saber, àqueles suscetíveis à sugestão[6]. Assim, a imitação passa a compreender todo tipo de reação sugestionada – "*all instance of suggestive reaction*" (1894).

---

[6] É importante destacarmos que, para Baldwin, a sugestão refere-se à tendência de um estado sensório ou representacional ser seguido por um ato motor.

Delimitada a natureza da reação imitativa, Baldwin propõe-se a investigar como ela emerge. Para tal, ele supõe um organismo emitindo reações aleatórias, algumas das quais, por serem úteis para o seu desenvolvimento, devem ser repetidas visando à adaptação. Se entre essas reações funcionais estiverem presentes algumas que resultem em duplicação imediata de seus próprios estímulos, elas persistirão e delas dependerá o desenvolvimento do organismo. Esse seria o caso das reações imitativas, que se constituiriam, assim, no único meio pelo qual as reações do organismo promoveriam a seleção de seus estímulos, fazendo de sua relação com o ambiente um instrumento para seu próprio progresso (Baldwin, 1894).

Baldwin (1894), nesse momento de sua argumentação, coloca dois requisitos para que um processo de desenvolvimento mental se faça a partir de reações imitativas: a reação que sustenta o modelo repetido deve persistir e deve haver uma criação constante de novos modelos, o que depende apenas do aparecimento contingente de novos estímulos externos, deflagrando uma reação funcional. A persistência da reação, por outro lado, exige um complexo mecanismo psicofísico, sobre o qual Baldwin irá discorrer pormenorizadamente.

Para que uma reação que sustenta o modelo repetido persista mesmo na ausência do estímulo objetivo, é preciso que haja uma maneira pela qual a energia envolvida na reação em questão possa ser eliciada por algo equivalente ao estímulo externo original. Isso, segundo Baldwin, ocorre no organismo por intermédio de um arranjo pelo qual uma variedade de modelos e estímulos conspira, por assim dizer, para aliarem-se (*ring up*) uns com os outros. Assim, quando um estímulo externo provoca uma reação imitativa funcional, ela elicia conjuntamente uma série de outras cópias latentes no organismo. Todo esse mecanismo traz como consequência lógica um esquema das bases psicofisiológicas da memória. Na concepção de Baldwin, a memória é um modelo para a imitação, retirado do mundo externo e trazido para a consciência. A memória é, portanto, um aparato que anula a distância espaço-temporal, remediando a ausência de conexão imediata entre ocorrências ambientais e as reações do organismo.

Pois bem, após delinear esse panorama de sua teoria da imitação, Baldwin comenta sua afinidade com as elaborações de Gabriel Tarde sobre o tema. A teoria tardeana da imitação é dividida por Baldwin em duas grandes teses centrais: 1) A imitação é responsável por assegurar todas as repetições e os hábitos existentes no mundo social, desde os padrões de vestuário até a obediência às leis jurídicas; 2) A memória é considerada por Tarde como o meio de perpetuar e acentuar os efeitos da repetição no desenvolvimento mental, o que ocorre por meio da formação de hábitos. Baldwin reafirma em bases psicofisiológicas essas duas assunções tardeanas, sem, contudo, deixar de fazer uma ressalva no que se refere à pressuposição de que a imitação seria uma espécie de dom natural ou instinto intrínseco ao gênero humano. A teoria da imitação proposta por Baldwin tem justamente o intuito de suprir essa lacuna deixada pelas formulações de Tarde. Ela oferece uma derivação da imitação baseada na análise dos mecanismos de surgimento da própria reação imitativa, como vimos anteriormente.

Após o percurso acima citado, dedicado à natureza, aos mecanismos de ação e à emergência das reações imitativas, Baldwin detém-se na discussão a respeito de como novos comportamentos são adquiridos pelo indivíduo e incorporados ao seu aparato de imitações. Para tal, ele lança mão dos fenômenos complementares de acomodação e assimilação.

A acomodação é o princípio que assegura, no constante exercício de imitação, a aquisição de novas adaptações, bem como a renovação do sistema de modelos aos quais a ação busca conformar-se. Inicialmente, a acomodação transpõe as cópias ou modelos presentes no mundo externo para a mente (memória), possibilitando sua revivescência ou reprodução *in absentia*. A partir daí, a acomodação assume um novo papel, relativo à volição. Segundo Baldwin, a volição surge como um fenômeno de *sugestão imitativa persistente*. Ela se dá quando um modelo lembrado ativa outros modelos (lembrados ou apresentados) e, assim, as conexões entre eles (em pensamento e ação) são ativadas simultaneamente, gerando novas reações imitativas. A volição participa da coordenação de todos os elementos motores envolvidos no processo acima descrito.

Por sua vez, o princípio de assimilação ilustra não só uma possível dominância na vida mental de um esquema de modelos que, devido à sua funcionalidade e à frequência com que é repetido, tende a *assimilar* quaisquer novas experiências à sua forma e a seus padrões, mas também se constitui como o método pelo qual "a mente digere aquilo que a alimenta" (Baldwin, 1894, tradução nossa). Se, por um lado, Baldwin afirma que a consciência (o aparato mental) tende a negligenciar tudo aquilo que lhe é incongruente e, em contrapartida, a mostrar-se receptiva a tudo que se conforma aos esquemas de reação já presentes em seu repertório, por outro, ele atribui ao mecanismo de assimilação o trabalho realizado pela consciência com vistas a adequar novas experiências (percepções, reações, pensamentos etc.) aos modelos habituais de reação já internalizados na vida mental.

O papel da imitação (compreendendo os mecanismos de acomodação e assimilação) será analisado por Baldwin tanto no âmbito dos processos de pensamento e conceituação quanto no da afetividade e do desenvolvimento moral. Interessa-lhe, particularmente, a gênese (ontogênese) das faculdades psicológicas em questão, o que o leva aos meandros da psicologia da criança.

No que concerne ao pensamento, Baldwin ressalta o princípio de identidade (princípio da lógica formal clássica) como representante da demanda, inerente à vida mental, por uma consistência da experiência, bem como da tendência de assimilação de novos materiais a esquemas cognitivos preexistentes. Dessa forma, para Baldwin, dizer que a identidade é necessária ao pensamento é atestar, em uma esfera representacional, que o desenvolvimento mental é realizado por reações imitativas. O princípio da identidade não é mais do que a expressão formal do princípio de hábito que rege o desenvolvimento psicológico.

Quanto à capacidade de conceituação (formação de conceitos), Baldwin afirma que ela se dá por identidades e razões suficientes[7]. Ele propõe que as primeiras experiências da criança, preservadas na memória, tornam-se modelos gerais que formam uma rede assimilativa para novos eventos ou objetos. Assim sendo, inicialmente, para a criança, todo homem é "papai", toda mulher é "mamãe", todo alimento é "leite", e assim por diante. Por isso, toda experiência com a presença de um homem, por exemplo, tende a produzir na criança a mesma atitude por ela mantida na presença de seu pai. Ou seja, em um primeiro momento, o conceito ainda é indiferenciado da experiência (das primeiras experiências com determinada classe de objeto), o conjunto dos homens é uma repetição de um modelo concreto anterior: "papai". No entanto, a partir de consecutivas acomodações e de experiências inassimiláveis a um modelo já existente, a criança se contrapõe à tendência original de generalização, refinando, progressivamente, sua capacidade de formação de conceitos: ela percebe diferenças em suas contínuas experiências com o pai e outros homens que a ele eram assimilados, passando, com o tempo, a empregar outros nomes (conceitos) para designá-los. Assim, ao distinguir

---

[7] A razão suficiente refere-se, relativamente ao desenvolvimento psicológico da criança, a qualquer coisa que modifica o curso de suas reações habituais de um modo tal que ela tem que aceitar essa coisa. Algo ao qual a criança se acomoda por imitação.

um maior número de situações e objetos, a criança aumenta seu repertório conceitual e internaliza, por acomodação, novos modelos que poderão ser utilizados em novas reações imitativas (Baldwin, 1894).

Baldwin destaca, em seguida, a afetividade como campo de ação do princípio imitativo. Ele assinala que a produção de emoções depende da reintegração ou reafirmação de um modelo ideal. A expressão da emoção na criança, em seus primórdios, equivale às descargas motoras aleatórias, correspondentes à vivência ora de estados de dor, ora de prazer. Entretanto, com o desenvolvimento de suas capacidades de interação com o mundo externo, a criança passa a reconhecer diferentes estados emocionais nos outros e, empaticamente, reage a eles, imitando-os. A partir de então, ela utiliza a imitação das expressões emotivas originalmente provindas do outro como meio de expressar suas próprias emoções, mesmo na ausência do modelo.

Por fim, Baldwin analisa longamente as reações imitativas em suas relações com as interações sociais, em geral, e com a formação do senso moral na criança, em particular. Nesse âmbito, o papel da imitação no desenvolvimento do *self* recebe atenção especial, ensejando uma longa reflexão sobre esse aspecto do desenvolvimento infantil.

Segundo Baldwin, uma das mais notáveis tendências observadas nas relações do bebê com o mundo externo é sua capacidade de distinguir diferenças de personalidade. Já no segundo mês de vida, o bebê consegue diferenciar o toque de sua mãe do de uma babá, por exemplo, mesmo no escuro.

Assim, ele aprende a se adaptar, por meio de protesto ou consentimento a essas variações, prazerosas ou desprazerosas, na percepção das diferentes características das pessoas com quem estabelece contato. Para Baldwin, isso indica um tipo de memória e uma reação correspondente que imita ou, ao menos, almeja reproduzir experiências úteis e prazerosas.

Esse caráter seletivo da imitação participa da formação da personalidade ou, em uma terminologia que nos parece mais apropriada, participa da formação do Eu. Na classificação baldwiniana (Baldwin, 1894), o primeiro estágio de desenvolvimento do Eu é o *estágio projetivo*, no qual as relações com os outros e as instabilidades nelas envolvidas são sentidas pela criança como experiências internas, dado não haver ainda distinção entre Eu e mundo externo. A transição desse *estágio projetivo* da personalidade para um *senso subjetivo* de personalidade se dá, justamente, por intermédio da imitação.

Com a progressiva maturação do organismo e a consequente ampliação de suas possibilidades de ação, a criança passa a acomodar novas experiências ao seu repertório de reações e o faz por sucessivas imitações do outro (esforço imitativo) cada vez mais precisas. É desse persistente esforço que nasce a volição, responsável pela emergência das primeiras experiências propriamente subjetivas da criança, as quais, por sua vez, fazem germinar um primeiro núcleo egoico em oposição ao mundo objetivo. O que era projetivo torna-se subjetivo. Este segundo estágio do desenvolvimento do Eu, o *estágio subjetivo*, é marcado pela experiência de unificação corporal e pela percepção das vivências corporais (dores, prazeres e tensões, entre outras) como pertencentes à própria criança (Baldwin, 1894).

Já no terceiro e último estágio do desenvolvimento egoico, o *estágio ejetivo*, a criança percebe que os outros, em situações análogas, experimentam as mesmas sensações que ela própria. Esse estágio é também chamado por Baldwin (1894) de estágio do Eu social (*social self*).

Baldwin propõe-se, então, a averiguar a construção de sentimentos morais na criança à luz dos princípios imitativos e do desenvolvimento da personalidade esboçados acima. O senso moral surge em torno de ações e atitudes baseadas na vontade livre de um indivíduo. Logo, Baldwin espera que a explicação sobre a gênese da volição ilumine as condições de formação da consciência moral[8]. Ora, se o caráter individual se configura como um depósito de reações imitativas pautadas em um modelo externo de ação, e os atos de volição representam expressões parciais desse caráter (influenciado, como exposto, pela sugestão de outrem), um conflito egoico no âmbito da ação moral pode, eventualmente, surgir. As sugestões de ação que servem de modelo para reações imitativas comumente empregadas por determinado indivíduo podem não ser compatíveis com seu desejo. Trata-se, na concepção de Baldwin, de uma forma de hábito que mantém uma organização da personalidade – *Eu subjetivo*, desejo pessoal – em conflito com um tipo

---

[8] A vontade (*will*) é o termo usado por Baldwin (1894) para designar atos concretos de volição.

de sugestão de ação que representa o *socius* internalizado na personalidade – *Eu social* (*social self*). De fato, Baldwin ressalta que o exemplo (sugestão) do outro é um poderoso determinante do comportamento do indivíduo, não por ser apreendido como bom ou mau, mas por representar uma ligação direta entre o outro e a personalidade infantil em via de formação, uma vez que, sob a ótica baldwiniana, tornamo-nos quem somos pela imitação do outro.

Baldwin estabelece, na sequência de seu texto, uma espécie de tipologia da imitação (imitações simples x imitações persistentes; imitações espontâneas ou subcorticais x imitações remotas ou corticais etc.), já mencionada anteriormente quando apresentamos as formulações sobre imitação contidas no *Dictionary*. Ele conclui seu artigo afirmando enfaticamente que a imitação parece estar envolvida em todos os aspectos do desenvolvimento mental, podendo seu princípio de atuação ser considerado a única lei reguladora da interação entre organismo e ambiente.

## A imitação na psicogenética de Henri Wallon

O fenômeno da imitação ocupa, na teorização de Henri Wallon (1879-1962), um lugar central na compreensão da evolução psicológica da criança.

O psicólogo francês destaca, em sua psicogenética, três dimensões essenciais, correspondentes à predominância de diferentes níveis funcionais do comportamento infantil, a saber: a afetividade, a motricidade (ou psicomotricidade) e a inteligência (cognição, conhecimento representacional), dimensões estas que, ao longo do desenvolvimento da criança, irão opor-se e se complementar dialeticamente para formar, *a posteriori*, uma unidade egoica em constante devir, a qual Wallon denomina *pessoa* (2007, p. 117).

Ao traçar o desenvolvimento das aquisições psicológicas da criança, Wallon afirma que, em um primeiro momento, o ato mental se encontraria em estrita dependência do ato motor para, posteriormente, suprimi-lo e ganhar autonomia (cf. Dantas, 1992b, p. 41). É justamente essa transição do ato motor para o ato mental (momento em que a criança adquire a capacidade de simbolização) – marcada pela maturação do sistema cortical responsável pela possibilidade de execução de condutas intencionais – que é associada à entrada em cena e à evolução de comportamentos imitativos. Assim, Wallon restringe o uso conceitual da imitação às suas formas superiores – corticais –, distinguindo-a dos mimetismos sensório-motores ou pré-simbólicos – contágios afetivos, ecocinesias, ecolalias, ecopraxias etc.[9] –, nos quais estariam em ação mecanismos psíquicos mais primitivos, como a simples atividade circular, ou

---

[9] Apresenta-se como exemplo de mimetismo o contágio emocional: a partir de uma inspiração darwinista, Wallon afirma que as manifestações emotivas da criança pequena teriam como função mobilizar a atenção do outro (adulto) para os seus apelos e necessidades, suprindo sua ausência inicial de articulação cognitiva, daí sua tendência funcional de se propagar. Este poder contagioso das emoções infantis

reflexa, do sistema subcortical – não intencional (cf. Dantas, 1992b, p. 41).

Com efeito, o filósofo francês Merleau-Ponty, em seu livro *As relações com o outro na criança*, comenta a ideia de mimetismo de Wallon, definindo-o como a captação, invasão do sujeito pelo outro, de tal forma que o sujeito assume como seus os gestos e condutas do outro (Merleau-Ponty, 1984, p. 68). Em profunda relação com a função postural, que permite o controle do corpo, o mimetismo é o poder de retomar as expressões do outro por meio do corpo, na medida em que o corpo permite a execução de gestos análogos ao observado (Merleau-Ponty, 1984, p. 68). Merleau-Ponty destaca que Wallon fala de uma espécie de *impregnação postural* que se resolve em gestos de imitação (Merleau-Ponty, 1984, p. 68-69). As percepções, por si só, provocariam uma reorganização da conduta motora, mesmo sem que se tenha aprendido o gesto em questão. Nas palavras de Merleau-Ponty (1984): "Aos olhos de Wallon, por consequência, há necessidade de reconhecer no corpo uma capacidade de recolhimento e de formulação íntima dos gestos" (p. 69). A correspondência entre percepção e motricidade deve ser considerada a característica mais fundamental e irredutível da função de mimetismo ou de mímica.

---

responde a uma necessidade vital, cumprindo, igualmente, uma função social, qual seja o favorecimento do primeiro vínculo entre os indivíduos, imprescindível à sobrevivência e ao desenvolvimento do bebê. Dessa maneira, pode-se compreender o efeito particularmente intenso que seu choro produz na mãe (Wallon, 2007, p. 118-122).

A imitação equivale, para Wallon, à imitação diferida, na qual a ausência do modelo a ser imitado atesta um caráter simbólico[10]. A criança, realizando a passagem do estágio sensório-motor para um modelo de funcionamento projetivo (ideacional), substitui a imitação pela representação; representação esta que fará antagonismo à própria imitação. Nas palavras de Heloysa Dantas, importante comentadora da obra de Wallon: "Enquanto ato motor, a imitação tenderá a ser reduzida e desorganizada pelo ato mental" (1992b, p. 41).

Uma vez exposto o contexto teórico no qual a imitação aparece nas formulações wallonianas, cabe detalhar seu funcionamento.

## Imitação e atividade lúdica

Em sua obra central, *A evolução psicológica da criança* (2007), Wallon analisa, primeiramente, o papel da imitação na atividade lúdica infantil. Ele afirma que, em seus jogos e brincadeiras, as crianças, principalmente as mais jovens, repetem as impressões que acabaram de vivenciar, cumprindo a imitação uma função de destaque em tal processo (Wallon, 2007, p. 57).

Nesse âmbito, Wallon destaca como característica do processo imitativo uma ambivalência de sentimentos que, por sua vez, refletir-se-ia em certos contrastes a partir dos quais a atividade lúdica ganharia impulso. Essa ambivalência presente na

---
[10] Nesse aspecto, as considerações wallonianas são, em grande medida, congruentes com as de Jean Piaget.

imitação refere-se às pessoas a quem a criança confere maior importância e cujos lugares ela deseja ocupar durante suas brincadeiras. Ao mesmo tempo em que nutre grande amor e afeição por essa pessoa-modelo, durante os jogos, a criança lhe manifesta certa hostilidade, pois lhe confere uma superioridade que não consegue eliminar, constatação que frustra suas necessidades de domínio e de sempre tomar a si própria como centro de todas as atenções, como é comum nos períodos iniciais da constituição egoica[11] (Wallon, 2007, p. 58-59).

Esse sentimento de rivalidade da criança poderia explicar as "tendências antiadultas" de seus jogos, os quais seriam mantidos em segredo das pessoas às quais se dirige esse componente agressivo. Torna-se claro, dessa maneira, o sentimento de culpa que se combina à agressividade da criança em suas atividades lúdicas.

## *Imitação e alternâncias funcionais*

Em seguida, Wallon destaca o papel da imitação nos comportamentos de assimilação e, por conseguinte, de adaptação a estímulos estranhos ao repertório cognitivo e comportamental da criança. Em seus dizeres: "A excitação pode também servir

---

[11] Quanto a isto, Wallon explicita a inspiração freudiana de suas considerações, pois afirma ter sido o pai da psicanálise o primeiro a indicar claramente essa ambivalência (2007, p. 59). Contudo, nas formulações de Freud, a ambivalência de sentimentos em questão se apresenta de maneira inversa àquela proposta por Wallon: primeiro o ciúme e a consequente hostilidade pela figura paterna e, posteriormente, devido a um sentimento de culpa, a sublimação desses impulsos agressivos.

de modelo à reação. É o efeito conhecido sob o nome de *imitação*" (Wallon, 2007, p. 102, itálico do autor).

De acordo com ele, a imitação poderia ser compreendida como um mecanismo de ajustamento a elementos distintos: imagens e movimentos cujas origens são estranhas à criança[12]. Esse tipo de imitação preconizaria uma fase de identificação subjetiva de determinado objeto, que se verificaria, por exemplo, em certa forma de uso que a criança faz da linguagem, na qual predomina uma *assimilação imitativa* da sociedade, caracterizada essencialmente pela intuição de formas e significações, em detrimento de um emprego pessoal e linguisticamente correto das palavras. De fato, dois movimentos de orientação contrária estariam presentes em toda imitação: em um primeiro momento, ocorre o que Wallon chama de união plástica, que é a fusão da criança com uma impressão exterior a si mesma, na qual apenas os elementos possíveis de se misturarem às suas formações psíquicas já existentes são preservados, o que se configura como uma identificação de um novo agente puramente virtual; em um segundo momento, delineia-se, pela utilização desse novo agente internalizado, a execução de um ato. Para tal, a criança precisa encontrar em si (em sua experiência funcional, em seus hábitos) os meios para dissociar e recombinar os elementos adequados de seu repertório psicológico (afetivo,

---

[12] Algo bastante próximo da ideia de equilibração majorante por mecanismos de assimilação e acomodação, postulada por Piaget.

motor e cognitivo), com vistas à realização do ato imitativo[13] (Wallon, 2007, p. 102-103).

Essa alternância entre assimilação intuitiva e execução controlada, relata Wallon, pode tomar, no decorrer do desenvolvimento psicológico da criança, um ritmo paulatinamente mais aprimorado, até que a imitação lhe pareça satisfatória. Percebe-se, assim, a especularidade inerente ao fenômeno imitativo na criança: assimilando intuitivamente o objeto de sua imitação, ela mostra sua necessidade de identificá-lo a si própria para, somente em seguida, identificar-se a ele, imitando-o (Wallon, 2007, p. 104).

## Imitação e formação do Eu

Por fim, em sua análise das relações da criança com o outro, tecida ainda no escopo de A *evolução psicológica da criança*, Wallon sublinha enfaticamente a importância da imitação no processo de construção do Eu, ou seja, no processo de individuação (2007, p. 141-146).

A completa dependência da criança pequena daqueles que a cercam faz com que ela se torne bastante sensível às atitudes e condutas de tais pessoas, de tal forma que a criança tem especial interesse pelas reações dos outros às suas próprias manifestações (Wallon, 2007, p. 141). É justamente na passagem dessa

---

[13] Pode-se dizer, com base em Wallon (2007, p. 102-103), que a imitação se concretiza como um empréstimo oportuno de uma nova capacidade psicológica por parte da criança. Nesse ponto, sua teoria da imitação se aproxima bastante da ideia de zona de desenvolvimento proximal formulada por Vigotski.

completa dependência para uma progressiva autonomia individual que se operará a imitação. Segundo Wallon, os primeiros objetivos que orientam a atividade da criança são os modelos que ela imita, fontes de inesgotáveis iniciações psicológicas que a conduzem muito além das experiências que suas necessidades biológicas podem fomentar (p. 142).

Sob essa ótica, Wallon diferencia os fenômenos imitativos observados nos mais diversos animais dos aspectos da imitação na criança, cuja grande marca distintiva consiste no fato de ser incitada por um modelo exterior. Por outro lado, as imitações observadas em animais podem, quase invariavelmente, ser atribuídas a padrões fixos de comportamento. Isto é, em situações equivalentes e sob as mesmas condições, determinados comportamentos seriam simplesmente repetidos (Wallon, 2007, p. 142).

Wallon defende que a criança imita apenas as pessoas por quem se sente atraída ou as ações que a cativaram, como ilustram as imitações relacionadas às atividades lúdicas. No que concerne ao processo de individuação, interessa assinalar que o Eu rudimentar conquistado pela criança necessita ainda da admiração alheia, oferecendo-se, assim, ao olhar dos outros por meio do espetáculo da imitação das pessoas-modelo pelas quais ela tem grande afeição. Após a formação de uma unidade egoica mais diferenciada, o desejo de participação da criança cede lugar a um desejo de substituir as pessoas-modelo, o que mostra a rivalidade da criança em relação a esses modelos que admirava e imitava (Wallon, 2007, p. 144).

A título de conclusão, destacamos agora as palavras do próprio Wallon sobre a importância da imitação diferida na evolução psicológica da criança:

> A passagem direta de um movimento a outro só é possível quando o movimento imitado pode produzir-se espontaneamente no mesmo plano de atividade e nas mesmas circunstâncias que o movimento a imitar, condição que reduziria a muito pouco o papel da imitação, cuja importância é, todavia, capital na criança. A aquisição da linguagem, por exemplo, não representa senão um longo ajustamento imitativo de movimentos ao modelo que, durante muitos dias, permite à criança compreender qualquer coisa da conversa dos que a rodeiam. (2007, p. 145)

## *A imitação em Jean Piaget*

Entre os autores que se dedicaram ao estudo da imitação, Jean Piaget (1896-1980), sem dúvida, merece destaque, não só por ser um dos precursores, mas também por ainda hoje servir de referência aos demais autores que se debruçam sobre esse tema.

Em seu livro *A formação do símbolo na criança* (1975), Piaget enfoca a gênese da imitação e as diversas fases que a criança atravessa rumo a uma capacidade imitativa mais evoluída, bem como o concomitante surgimento da representação.

Para que se compreenda a gênese da imitação à luz da teoria piagetiana, devemo-nos aprofundar em dois conceitos por ele forjados, a saber, *acomodação* e *assimilação*. Segundo Piaget, tais conceitos estão no cerne de todo desenvolvimento infantil e, consequentemente, no desenvolvimento da capacidade de imitar. A assimilação se caracterizaria pela interpretação de eventos externos de acordo com esquemas cognitivos já existentes, ao passo que a acomodação ocorreria quando os esquemas cognitivos são alterados como forma de melhor adequação ao mundo exterior (1975, p. 12).

Desse modo, o desenvolvimento da inteligência é marcado por uma constante busca de equilíbrio entre esses dois processos. Nos momentos em que a acomodação se faz mais presente do que a assimilação, a atividade resulta na imitação, uma vez que nesses momentos deixa-se de analisar o mundo externo, tendo-se como referência os esquemas internos, e passa-se a alterar tais esquemas objetivando-se uma nova e melhor forma de se relacionar com o exterior.

Piaget considera que os processos imitativos evoluem de formas preparatórias até a imitação acompanhada de representação. Analisando a imitação em diferentes idades, ele distinguiu seis fases percorridas pela criança em um processo que culmina com a aquisição das representações (1975, p. 17-18).

## *Primeira fase: a preparação reflexa*

Nesta fase, que Piaget localiza entre zero e um mês de idade, a criança ainda não é capaz da imitação propriamente dita, ocorrendo a repetição de comportamentos por simples excitação externa ou pelo deflagrar de um reflexo (1975, p. 20-21). Em ambos os casos, ainda não seria possível falar de imitação propriamente. Piaget ilustra essa afirmação com o exemplo do contágio que ocorre quando um recém-nascido começa a chorar e os outros o emulam (1975, p. 21). Cabe ressaltar que o ato de assimilar um evento externo e incorporá-lo ao esquema reflexo pode representar o início da capacidade imitativa.

## *Segunda fase: imitação esporádica*

Com o início da segunda fase, que ocorre entre um e quatro meses de idade, a criança torna-se capaz de realizar imitações esporadicamente. Piaget afirma que duas condições são necessárias para que elas ocorram: em primeiro lugar, a criança deve ser capaz de diferenciar o ato a ser imitado dos demais de sua experiência; em segundo, a ação realizada pelo modelo deve ser percebida como semelhante a uma ação que a própria criança já tenha produzido (1975, p. 22). Piaget atribui a ocorrência dessa imitação às reações circulares primárias, pois elas são definidas como reações do bebê acionadas devido a seu valor intrínseco de reforçamento, logo, vinculadas à tentativa do bebê de repetir uma sensação (p. 28). Desse modo, nessa imitação ainda não há representação, mas sim a tentativa de manutenção de uma percepção por parte da criança. Disso decorre que, para que a cópia do ato aconteça, seja necessário que ela engendre, no momento da imitação, a mesma sensação obtida ao ser exposta ao estímulo. Essa ideia se sustenta no fato de que, segundo Piaget, a criança, na segunda fase, só é capaz de imitar movimentos que são também perceptíveis em seu próprio corpo. Assim, é comum que, nesta fase, ocorram imitações de movimento com a cabeça (dando ilusão de que o modelo parado ainda se movimenta), movimentos com as mãos e vocalizações (p. 28).

## Terceira fase: imitação sistemática de sons já pertinentes à fonação da criança e de movimentos executados anteriormente pelos sujeitos de maneira visível para ela

Na terceira fase, a criança aperfeiçoa ainda mais seu repertório de imitação. Piaget relaciona tal desenvolvimento ao surgimento das reações circulares secundárias, caracterizadas por um interesse maior da criança pelos eventos externos e consequente alteração nos padrões de comportamento. A criança passa a imitar motivada pelas modificações que percebe no exterior e não mais apenas para manter a percepção do fenômeno (1975, p. 34-35).

É importante ressaltar que a criança, tal qual ocorre na segunda fase, ainda não é capaz de imitações cuja semelhança ela não possa perceber em seu próprio corpo. As exceções são classificadas por Piaget como "pseudoimitações", decorrentes exclusivamente de um processo de adestramento (1975, p. 34). Um exemplo citado por Piaget é a imitação da protrusão da língua. Esta é nomeada como "pseudoimitação" por ocorrer somente quando a criança é reforçada a mantê-la, recebendo em troca um "espetáculo visual" interessante. Fica claro, então, que, segundo a teoria piagetiana, só podemos considerar como imitações as ações iniciadas pelo adulto e que permaneçam eliciando a mesma resposta mesmo algum tempo depois, eliminando, desse modo, as "pseudoimitações" (1975, p. 34).

Entre quatro e oito meses de idade, período em que a criança se encontra na terceira fase, a imitação passa a ser progressivamente mais sistemática e menos esporádica. No entanto, ainda não ocorrem imitações de sons que são novos para ela e que ainda não estão presentes em seu repertório de vocalizações. Um exemplo citado por Piaget é a imitação do movimento de preensão das mãos. Embora a criança, nesta fase, já seja capaz de realizá-la, ela nunca a executa de forma desvinculada do intuito de apanhar algum objeto, sendo, portanto, incapaz de discriminar tais movimentos. Já o ato de afastar uma mão da outra é facilmente imitado, uma vez que a criança frequentemente o executa sem nenhum intuito específico (1975, 38-39).

## Quarta fase I: imitação dos movimentos já executados pelo sujeito, mas de maneira invisível para ele

Nesta fase, que ocorre entre oito e nove meses, há imitações que, embora não correspondam a imitações exatas, apresentam uma característica que Piaget julga decorrer da crescente coordenação entre os esquemas inteligentes da criança, que é o fato de, nesse período, a criança iniciar o entendimento da semelhança entre as ações do sujeito e suas próprias ações invisíveis. Um exemplo disso é que o abrir e fechar dos olhos pode eliciar o abrir e fechar da boca naquele que imita (Piaget, 1975, p. 48).

Nessa idade, ocorrem alguns tipos de respostas-padrão quando a criança é incitada a imitações invisíveis em seu próprio corpo. Como exemplo, podemos citar as imitações envolvendo a boca, nas quais há sempre um mordiscar dos lábios como primeiro passo até que se chegue ao movimento exato que foi dado como modelo (Piaget, 1975, p. 49-55). A esses padrões que se aproximam da imitação exata e a precedem, Piaget chama de *esquemas-globais* (p. 63).

Ainda neste estágio, a criança toca seu próprio corpo com o intuito de averiguar se o resultado por ela produzido aproxima-se do que foi visto como modelo.

## Quarta fase II: início da imitação dos modelos sonoros ou visuais novos

Nesta fase, que ocorre entre nove e doze meses, a criança finalmente inicia a imitação de ações novas. Piaget atribui essa guinada no desenvolvimento da imitação aos progressos intelectuais da criança, decorrentes, principalmente, da maleabilidade dos esquemas e da mobilidade da acomodação. Outro fato responsável por tal aquisição é a crescente separação que a criança faz entre seu próprio corpo e o mundo externo. É somente quando percebe que o espetáculo vivenciado não faz parte do prolongamento de suas atividades que ela se torna capaz de modificar suas ações para se igualar ao modelo.

## Quinta fase: imitação sistemática de novos modelos, incluindo os que correspondem a movimentos invisíveis do próprio corpo

A criança entre doze e dezoito meses já é capaz de perceber certa semelhança entre as partes invisíveis de seu corpo e as partes correspondentes no adulto, o que possibilita o início da imitação verdadeira de movimentos que são invisíveis no corpo da criança. A partir de sucessivas aproximações, ela busca uma correlação entre seu corpo e o corpo do adulto. Como exemplo, Piaget descreve a imitação do ato de colocar o dedo indicador na testa (1975, p. 74). Para realizar essa imitação, a criança gradativamente percorre seu rosto com o indicador até encontrar em seu corpo uma superfície plana que corresponda ao que vê no adulto (a testa).

Enquanto na quarta fase a criança, quando defrontada a um modelo novo, limita-se a realizar as reações circulares já conhecidas por ela, na quinta fase, busca sistematicamente a semelhança. Temos, então, o início da primazia da acomodação na imitação. Nesta fase, a criança passa a alterar seus esquemas de acordo com o objeto, deixando de apenas reproduzir esquemas semelhantes.

## Sexta fase: a imitação diferida

Na sexta fase, entre dezoito e 24 meses, as combinações táteis que visavam à similitude das ações se transformam em operações mentais. A criança deixa de percorrer o corpo e realiza mentalmente esse processo de tentativa e erro. Ainda neste período, a criança torna-se capaz de executar imitações diferidas (imitar ações posteriormente), desvinculando, assim, a imitação de um processo sincrônico. Também ocorrem imitações novas complexas e imitações de objetos materiais.

Sobre esse ponto, Piaget responde a uma possível crítica à capacidade de a criança imitar diferidamente em idades precoces (1975, p. 86). Segundo ele, o que torna peculiar a sexta fase, e marca o início da real imitação acompanhada de representação, é o fato de o modelo imitado nesta fase nunca o haver sido antes (p. 86). O bebê, em fases anteriores, imita a ação de um modelo sem que haja o estímulo presente, o que causaria a impressão de se tratar de imitação diferida. Entrementes, essa ação já havia sido imitada anteriormente e, portanto, já estaria inserida em seu repertório comportamental, o que exclui a hipótese de representação. Podemos ilustrar essa ideia com o exemplo da imitação que a criança pode fazer em idades precoces de alguns movimentos com a mão – possíveis já na terceira fase (Piaget, 1975, p. 90). Essas imitações são recorrentes entre quatro e oito meses de idade e, quando a criança realiza tais atos sem a presença do modelo, não se trataria, conforme Piaget defende, de imitação diferida, mas sim de uma simples execução de um movimento que, desde o momento de sua primeira realização, passou a fazer parte do conjunto de movimentos que a criança já é apta a realizar (1975, p. 90-91).

## Imitação e zona de desenvolvimento proximal em Vigotski

Lev Semionovitch Vigotski (1896-1934) identifica como um princípio norteador da psicologia clássica a valorização exclusiva da atividade independente da criança como indicativa de seu nível de desenvolvimento. Na tentativa de romper com essa visão tradicional, Vigotski elabora o conceito de *zona de desenvolvimento proximal* (2007, p. 94-105).

A zona de desenvolvimento proximal pode ser definida como a discrepância entre a idade mental real de uma criança e o nível que ela atinge ao resolver problemas com o auxílio de outra pessoa. Segundo Vigotski, a compreensão plena desse conceito deve levar à reavaliação do papel da imitação no aprendizado (2007, p. 99).

A imitação pode ajudar as crianças a realizar ações que estão além de suas capacidades. Entretanto, a imitação não se reduz a uma simples atividade mecânica, não é mera cópia de um modelo, mas reconstrução individual daquilo que é observado nos outros, ou seja, criação de algo novo. Mesmo considerando que a imitação se restringe às ações que estão dentro da zona de desenvolvimento proximal do sujeito, Vigotski ressalta que, com o auxílio de outra pessoa, toda criança pode fazer mais do que faria sozinha, e o que ela é capaz de fazer hoje em cooperação, será capaz de fazer sozinha amanhã (2007, p. 101).

Buscando destacar a especificidade da imitação nos seres humanos, Vigotski recorre aos estudos de Köhler (2000) sobre o comportamento dos primatas (2007, p. 100). Segundo Köhler, os primatas são capazes de usar a imitação para solucionar problemas (2000, p. 95). Contudo, esses problemas se assemelham ou apresentam o mesmo nível de dificuldade dos problemas que eles seriam capazes de resolver sozinhos. Assim, os animais são incapazes de se desenvolver intelectualmente por meio da imitação. Eles podem ser treinados a executar atos específicos, mas novos hábitos não resultam em novas habilidades gerais. Em suma, eles não possuem zona de desenvolvimento proximal e não podem ser ensinados, mas apenas adestrados (Köhler, 2000, p. 95).

No caso do desenvolvimento infantil, ao contrário, a imitação e o aprendizado desempenham um papel importante justamente por trazerem à tona capacidades latentes da mente humana e por levarem a criança a novos níveis de desenvolvimento. Para Vigotski, em suma, o aprendizado humano pressupõe uma situação social específica e um processo pelo qual as crianças penetram na vida intelectual daqueles que as cercam, fazendo isso, muitas vezes, por meio da imitação (2007, p. 101-102).

## Imitação e relações objetais em René Spitz

No livro *O primeiro ano de vida* (1979), René Spitz expõe um estudo psicanalítico a respeito do desenvolvimento normal e anômalo das relações objetais precoces dos seres humanos. Esse estudo tem o intuito de observar o amadurecimento no modo que o bebê se relaciona com o mundo. Sob essa proposta, o tema do surgimento da imitação e suas implicações foi também abordado e discutido, embora de forma breve.

Para sua concretização, Spitz e colaboradores utilizaram os métodos longitudinal e transversal de observação direta e instrumentos da psicologia experimental para a investigação dos bebês, além do método clínico, com estudos de caso sob uma abordagem experimental, trabalhando com grande número de bebês que foram objetos de diversas medidas (Spitz, 1979). Tudo isso devido à crença de que o método psicanalítico não se aplicaria ao período pré-verbal.

O autor também buscou contribuições na embriologia, da qual extraiu o conceito de "organizador", que se refere a um ponto de integração entre os diversos desenvolvimentos embrionários que ocorrem concomitantemente, para usar no desenvolvimento pós-parto. De forma análoga à embriologia, Spitz utilizou o conceito de "organizador da psique" (1979, p. 114) para designar o resultado bem-sucedido de uma integração de desenvolvimentos que culmina na reestruturação do sistema psíquico em um nível mais elevado de complexidade. Esse processo é, na verdade, a integração das diversas correntes de desenvolvimento que atuam, simultaneamente, no bebê.

A partir dessa proposta, Spitz verificou três organizadores principais do desenvolvimento sadio do bebê: o sorriso social, que ocorre por volta do terceiro mês de vida; a ansiedade dos oito meses, e o domínio do *não* (gesto e palavra), que surge entre o primeiro e o segundo ano de vida (1979, p. 114-115).

O processo do aparecimento da imitação e da identificação é tratado por Spitz no escopo do segundo organizador, sendo também um dos processos relevantes para o advento do terceiro organizador.

## O processo e o aparecimento da imitação e da identificação

Segundo Spitz, imitações reais geralmente aparecem entre o oitavo e o décimo mês de vida dos bebês, a partir do surgimento do segundo organizador – ansiedade dos oito meses (1979, p. 164-165). O autor define como imitações reais aquelas que o bebê é capaz de realizar na ausência do indivíduo tomado como modelo. Em contrapartida, as imitações globais, que os bebês mais novos são capazes de realizar diante de um rosto humano, são consideradas imitações rudimentares (1979, p. 164-165).

O aparecimento do segundo organizador ocorre a partir do amadurecimento mnêmico da criança. O desenvolvimento da memória favorece o desenvolvimento perceptual, motor e afetivo. Assim, o bebê será capaz de diferenciar as pessoas de seu convívio das demais e será tomado por uma forte ansiedade todas as vezes que estiver diante de estranhos, principalmente se a mãe estiver ausente (Spitz, 1979, p. 149).

Todavia, o segundo organizador é também influenciado por determinantes culturais, pois sua constituição é resultado, principalmente, das relações entre dois indivíduos: depende da capacidade de a mãe e o bebê estabelecerem e manterem relações entre si. Portanto, nesta fase, é essencial que a mãe ocupe o papel de objeto libidinal para a criança. Para isso, ela deverá ser aquela que supre as necessidades do bebê e, principalmente, deverá tomá-lo como objeto de amor (Spitz, 1979, p. 150).

Assim, o amadurecimento mnêmico e suas consequências, somados à atitude da mãe e ao clima emocional que ela propicia à criança, influenciarão no desenvolvimento da imitação. Além disso, a atitude materna possibilitará um processo dinâmico do bebê de imitação da mãe, a partir do qual se estabelecerá o mecanismo de identificação. Tudo isso podendo facilitar ou impedir as tentativas do bebê de vir a ser como a mãe (Spitz, 1979, p. 165).

O autor observa que a iniciativa do adulto de imitar a criança é fundamental na formação e no desenvolvimento das relações de objeto do bebê. Essa imitação convoca uma regressão do adulto ao infantil, dentro dos limites impostos pelos códigos sociais. Sem essa relação imitativa, o desenvolvimento da criança ficaria prejudicado, pois as imitações advindas dos pais propiciam a reversão desse processo, ou seja, a criança imita os pais e disso dependem os processos de identificação com eles. Pode-se, então, concluir que as imitações que se originam nos pais reforçam as identificações da criança com o adulto (Spitz, 1978, p. 60).

Spitz registrou em filmes o começo da imitação em bebês. Em um desses filmes, a atitude de um bebê de rolar a bola de volta para sua mãe ilustra claramente alguns aspectos da imitação precoce (1979, p. 165). Spitz cita Berta Bornstein que nomeou esse comportamento de "identificação através do gesto" (1978, p. 59), caracterizando-o como uma imitação que prescinde da compreensão de seu significado e que se mantém presa à dimensão gestual. Para Spitz, essa "identificação através do gesto" (Spitz, 1978, p. 59-60), ou seja, essa forma de imitação, pode ser considerada uma precursora do mecanismo de identificação propriamente dito.

As primeiras identificações dos bebês ocorrem, de acordo com o autor, entre os nove e doze meses de vida (Spitz, 1978, p. 61). Elas aparecem ao longo do desenvolvimento das relações objetais, sobretudo na forma de jogos entre o adulto e o bebê, como uma resposta imediata que espelha o gesto do adulto.

## A importância da imitação e da identificação no desenvolvimento da personalidade

Spitz verificou que a imitação mútua, ou seja, a criança imitando o adulto que imita a criança, tem efeito sobre o desenvolvimento da personalidade infantil, uma vez que o papel exercido por essas imitações é determinante no estabelecimento das relações de objeto. O bebê, ao imitar e identificar-se, incorpora ao sistema de memória as ações observadas, permitindo, assim, uma modificação enriquecedora de seu próprio Eu (Spitz, 1978, p. 60-61).

O domínio da imitação e a capacidade de identificação, acrescentados aos padrões de ação dos quais a criança já dispõe nesta etapa de desenvolvimento, terão como consequência a conquista de uma autonomia cada vez maior do bebê em relação à mãe e de aptidão para a construção de sua identidade individual (Spitz, 1979, p. 165).

Nesta etapa de desenvolvimento, a criança encontra-se no fim do estágio pré-verbal. Apesar de ainda não dispor de signos semânticos ou palavras, o bebê já é capaz, neste estágio, de um processo de comunicação dirigida, ativa e intencional com a mãe. Mais tarde, essa comunicação será gradativamente organizada em um sistema de gestos semânticos e, posteriormente, será transformada em gestos verbais. Esse processo, inteiramente dependente dos fenômenos de imitação, produzirá uma mudança a partir da qual a relação objetal passará a ser intermediada principalmente pela linguagem.

## A imitação na teoria da aprendizagem social

Dentro da longa tradição da Psicologia Experimental, as teorias da aprendizagem social destacam-se pela importância dada à imitação e a suas implicações. A abordagem da aprendizagem social tem como pioneiro o pesquisador e professor de Yale, Clark Hull, cuja proposta teórica constitui-se, primordialmente, na construção de formulações sobre aprendizagem Social por observação, socialização da criança e formação da personalidade, baseadas em conceitos tomados de empréstimo da Psicanálise, mas adaptados a uma psicologia experimental da aprendizagem, pautada nos princípios de estímulo-resposta-consequência.

Vários discípulos de Hull dedicaram-se a estudos sobre o desenvolvimento infantil, destacando-se, quanto à imitação, John Dollard e Neal Miller, com o livro *Social learning and imitation*, publicado em 1941.

Eles se propõem a demonstrar como um comportamento de imitação pode ser reforçado. Defendem que o ato de copiar (imitação), não obstante englobe várias ações específicas, pode ser apreendido como uma resposta unitária, adquirida por reforço. De acordo com a hipótese fundamental de Dollard e Miller, toda imitação é resultado do reforço recebido quando o comportamento de um indivíduo acompanha o de outra pessoa. Esse reforço pode ser extrínseco ou intrínseco. O primeiro se dá, por exemplo, quando a mãe elogia o filho mais novo por ter copiado determinado comportamento desejável de um irmão mais velho (Dollard; Miller, 1941, p. 165). Por sua vez, o intrínseco ocorre em situações em que a cópia de um comportamento anteriormente observado proporciona àquele que o imitou o mesmo prêmio obtido pela pessoa apropriada como modelo.

Dollard e Miller afirmam, ainda, que os padrões de comportamento de uma sociedade são estabelecidos após inúmeras gerações os terem depurado por um processo contínuo de tentativa e erro, sendo que a validade desses padrões pode ser avaliada pela extensão de seu período de existência. Assim, o comportamento imitativo mostra-se importante na medida em que perpetua essas formas já existentes de comportamento, mantendo certo nível de conformidade social. Um comportamento novo surgiria quando, diante de uma nova necessidade impossível de ser atendida com os recursos já disponíveis para determinado indivíduo ou grupo, novas aquisições são feitas por meio de tentativa e erro. Entretanto, o comportamento imitativo seria muito mais econômico, já que faria com que a resposta correta à necessidade presente ocorresse rapidamente (Dollard; Miller, 1941, p. 183). Desse modo, os autores deixam claro que a imitação ocorre como forma de aprendizagem de respostas já existentes na cultura. Ou seja, os processos imitativos não engendrariam qualquer princípio novo (1941, p. 183).

Ainda sob a perspectiva da aprendizagem social, outro importante teórico, Mowrer, aborda o tema da imitação, lançando uma nova hipótese a respeito. Ele sugere que o comportamento imitativo pode ser autorreforçador: uma criança pode repetir para si mesma palavras de elogio ou de repreensão utilizadas por um adulto com quem ela tenha relações satisfatórias e tenha estabelecido laços de dependência (Mowrer, 1950, p. 575). Quando esse adulto está ausente, a criança o imita, obtendo, assim, um alívio da angústia gerada pela separação. O comportamento imitativo seria, desse modo, autorreforçador. Mowrer considera, ainda, que comportamentos de imitação sejam facilitados ou inibidos pela observação de suas consequências em um modelo, de tal forma que a criança tende a imitar somente aqueles atos que lhe parecem assegurar algum benefício para a pessoa que o realiza (1950, p. 577).

Em pesquisas posteriores sobre a imitação, Albert Bandura e Richard Walters, também pesquisadores da aprendizagem social, afirmam que a simples observação de um comportamento já possibilita sua aprendizagem e posterior imitação, não importando se quem foi observado foi premiado ou punido (1963, p. 144). Eles atribuem um papel muito importante à aprendizagem por observação e à posterior imitação do que foi aprendido, sustentando que, se as crianças tivessem de se basear somente em suas próprias experiências para aprender, dificilmente sobreviveriam (Bandura; Walters, 1963, p. 144). Entretanto, não necessariamente imitamos passo a passo aquilo que foi observado, mas vários padrões comportamentais são copiados de forma geral (Bandura; Walters, 1963). Para Bandura e Walters, a aprendizagem por observação passa pelas seguintes fases: 1) *aquisição*, na qual a criança observa o comportamento de um modelo e distingue nele características diferentes das suas; 2) *retenção*, na qual o comportamento do modelo é memorizado; 3) *desempenho*, quando aquilo que foi aprendido é considerado vantajoso e é desempenhado pela criança (imitação); 4) *consequências*, em que o comportamento imitado será reforçado ou punido, sendo, assim, fortalecido ou enfraquecido (Bandura; Walters, 1963, p. 150-151).

Bandura e Walters também estudaram o papel da imitação na aprendizagem de comportamentos agressivos. Eles recusam a tese de que a agressão seria gerada pelo sentimento de frustração e defendem que os comportamentos agressivos são aprendidos pela imitação e consolidados pelo reforço direto desses atos imitados. Acrescentam, entretanto, que esse processo pode ocorrer em situações não agressivas, como em jogos e brincadeiras, sendo que os atos assim aprendidos são transformados em agressão nos momentos de frustração (1963, p. 209).

Concluímos, então, que, de forma geral, a característica das hipóteses dos teóricos da aprendizagem social é sua grande ênfase à imitação como forma de aquisição de traços da personalidade e de padrões de conduta social, sob uma perspectiva fortemente marcada pela Psicologia Experimental.

## A imitação em Andrew N. Meltzoff

Andrew N. Meltzoff, experiente cientista da área de desenvolvimento cognitivo humano, após ter realizado inúmeras pesquisas focadas na imitação infantil, levantou a hipótese de que a imitação e o entendimento da mente do outro estão intimamente ligados (2005, p. 56). Meltzoff chama de imitação qualquer ação realizada por bebês que tente copiar ou copie perfeitamente uma outra ação previamente observada em um modelo, seja este um humano adulto, outra criança ou mesmo fitas de vídeo ou robôs (1990, p. 2). Para o autor, o ato de imitar demanda a percepção dos atos do modelo, a percepção que o bebê tem de seus próprios movimentos, a "tradução" dos movimentos a serem imitados e a execução de um plano motor (1990, p. 1-2). Bebês já teriam, segundo Meltzoff e Moore, uma capacidade inata para realizar essas tarefas, ou seja, já nasceriam com aptidão para imitar (1983, p. 706).

Para explicar teoricamente as constatações feitas em seus experimentos, Meltzoff afirma que o ato de imitar em bebês gera posteriormente o entendimento do outro como ser que vive processos psicológicos como os que ele vive (2005, p. 57). O raciocínio contrário – de que a imitação só poderia ser realizada após a entrada em um mundo representacional e o entendimento do outro como ser psicológico semelhante (posição adotada por Jean Piaget) – não se justifica para esse autor (2005, p. 57). Meltzoff assegura que as crianças imitam como uma maneira de enriquecer suas apreensões sobre as pessoas, reencenando suas ações, e que, mesmo na infância inicial, a imitação é usada para propósitos sociocomunicativos (2005, p. 57). A capacidade inata de imitação estaria, então, baseada em sistemas neurais presentes desde o nascimento. As experiências individuais do bebê mapeariam a relação entre seus estados físicos e seus estados mentais, permitindo que a imitação passe a um estágio mais avançado do que sua forma inata. Uma vez estabelecida essa ligação entre estados mentais e físicos, os bebês seriam capazes de projetar em outras pessoas, no momento em que elas agem da forma como eles já agiram anteriormente, os estados mentais que experimentaram no momento em que realizaram aquelas ações. O outro seria processado pelo bebê primeiramente como "semelhante a mim [*like me*]" (Meltzoff, 2005, p. 57).

Essa defesa até certo ponto surpreendente da capacidade inata de imitação assenta-se em inúmeros experimentos realizados por Meltzoff e colaboradores desde a década de setenta do século passado. Entre essas pesquisas, uma das mais conflitantes com as teorias precedentes é a que afirma que a imitação facial pode ser realizada por recém-nascidos de até 42 minutos de idade (Meltzoff; Moore, 1989, p. 955-959). Com essa constatação, Meltzoff acredita eliminar a possibilidade de se pensar que esse tipo de imitação se realize por meio de aprendizagem. Sua hipótese para explicar esse fenômeno pressupõe a existência, desde o nascimento, de um mecanismo capaz de interligar as percepções visuais e os movimentos executados pela criança. Tal mecanismo é denominado *Active Intermodal Mapping* (AIM) (Meltzoff, 2005, p. 72-73).

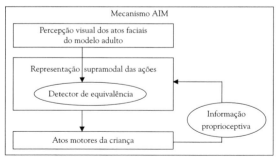

**Figura 1.** Hipótese AIM sobre como crianças executam imitação facial (Meltzoff; Moore, 1997, *apud* Meltzoff; Prinz, 2002).

Outros achados de Meltzoff contrastam com pesquisas anteriores, e entre eles podemos destacar bebês de nove meses que foram capazes de imitar após um intervalo de 24 horas (Meltzoff, 1988, p. 223), mostrando memória de longo prazo, e bebês de um mês que reconheceram visualmente objetos com os quais só tiveram contato táctil (Meltzoff; Borton, 1979). Meltzoff afirma que, aos dezoito meses, há uma grande evolução na capacidade cognitiva da criança, que se torna capaz de representar possibilidades que não foram vividas empiricamente, compreendendo metas e intenções de modelos humanos a elas apresentados. Quando esses modelos são máquinas, essa compreensão não ocorre, o que, para Meltzoff, reforça sua hipótese *"like me"* (Meltzoff, 2005, p. 63-64).

Acreditando dar uma solução final para o problema da imitação infantil, Meltzoff e Moore (1999) fizeram uma revisão de tudo que já foi pesquisado e confirmado até o momento sobre o tema. Segundo eles, dez características podem ser estabelecidas:

1 - a imitação abarca uma vasta gama de atos;
2 - a imitação é específica (protrusão da língua não gera protrusão dos lábios);
3 - recém-nascidos imitam;
4 - a criança rapidamente ativa a parte do corpo utilizada para imitar;

5 - a criança aperfeiçoa a imitação;
6 - novos gestos podem ser imitados;
7 - pode ocorrer imitação diferida;
8 - comportamentos estáticos podem ser imitados;
9 - a criança sabe quando é imitada;
10 - ocorre um desenvolvimento da imitação.

# 5.
# A IMITAÇÃO NAS TEORIAS DE FUNDAMENTAÇÃO FENOMENOLÓGICA

O último item de nosso panorama da imitação abordará o tema em apreço em teorias de fundamentação fenomenológica, dentre as quais podemos destacar aquelas de Paul Guillaume e Maurice Merleau-Ponty. A teoria da imitação de Paul Guillaume preserva a distinção entre o inato e o adquirido sem dissociá-los completamente (1950). O meio social exerce influência tão grande quanto o meio físico e os recursos biológicos na formação mental da criança. Nesse sentido, é impossível explicar a gênese da mente fazendo abstração da realidade social ou descartando a experiência física. A imitação é um fenômeno mental complexo, que implica tanto a existência de instintos ou reflexos quanto a presença de outros seres humanos capazes de despertar o interesse e a atenção das crianças.

Nessa perspectiva, a imitação situa-se na própria passagem entre o biológico e o cultural, sendo seu desenvolvimento paralelo ao processo de maturação da criança. A imitação é o que torna outras aquisições possíveis, como a consciência de si e a simpatia verdadeira pelos outros. Podemos dizer, pela leitura de Guillaume (1950), que a imitação funda o psiquismo, e não é por acaso que Merleau-Ponty retomará as ideias desse teórico para levar adiante o estudo sobre o "problema da imitação" (1990a, p. 39).

## A teoria da imitação de Paul Guillaume

O psicólogo da *Gestalt*, Paul Guillaume (1878-1962), inicia seu livro *L'imitation chez l'enfant* (1950) salientando que a imitação já foi estudada por diversos autores de diferentes áreas do conhecimento, destacando as teorias de Tarde e Baldwin como verdadeiras filosofias da imitação (p. V). Nessas teorias, no entanto, na interpretação de Guillaume, o interesse pelos efeitos da imitação na vida social sempre prevaleceu sobre a investigação de seu mecanismo psicológico. Em geral, destacava-se um momento do desenvolvimento individual no qual o mecanismo da imitação, perfeitamente estabelecido, não deixava reconhecer suas origens. O autor em questão propõe um estudo do fenômeno a partir de suas manifestações mais precoces, ou seja, nos primeiros anos da infância.

Guillaume não estava satisfeito com os resultados obtidos pela psicologia de sua época acerca da imitação. Segundo ele, ou os psicólogos se detinham no aspecto das representações mentais ou se excediam em considerações acerca da sinestesia e do papel dos instintos (1950, p. 1).

No caso das representações mentais, a teoria vigente destacava que a execução de um ato dependia de sua representação mental, ou seja, imita-se o outro a partir do momento em que o conjunto de seus movimentos pode ser assimilado pelo psiquismo do imitador, capaz, então, de reproduzi-lo. Contudo, o autor destaca que, antes de agir, é muito raro que nos imaginemos no momento da ação ou mesmo que imaginemos o que vamos fazer (1950, p. 9). Apenas percebemos os sinais que determinam o ato no tempo e o limitam no espaço, assim como os objetos e as pessoas aos quais ele se dirige. As contrações musculares não são representáveis, pois a consciência ignora os músculos – só sabemos deles estudando anatomia. Ignoramos, em geral, os elementos sensíveis e visíveis dos movimentos, o que ocorre especialmente com as crianças. Além disso, a representação da imagem do movimento a ser realizado é tão pouco necessária na maioria dos casos que sua intervenção pode ser perturbadora. É o que observamos nos gestos habituais, na fala, na marcha, na escrita etc.

Se imaginamos um ato antes de realizá-lo, isso não se refere à execução do movimento, mas à concepção e à deliberação. A representação aparece na consciência quando queremos saber sobre um ato, se o apreciamos ou se os outros o apreciam. Executamos um ato em pensamento para provocar as reações afetivas e os juízos que esse espetáculo nos inspira. Esse tipo de pensamento está presente quando o que desejamos não é somente atingir um objetivo por meio de um ato, mas o ato em si. O pensamento sobre um ato apresenta-se como o substituto de uma ação impossível ou inoportuna. Sonha-se com uma ação na medida em que ela não pode ser realizada.

Dessa maneira, se a representação mental dos próprios atos não seria a condição primeira e suficiente de sua reprodução, muito menos poderíamos atribuir esse papel à percepção dos atos dos outros. A percepção é sempre de algo que produz determinado efeito, independente dos meios utilizados para obtê-lo. Na criança pequena, o modelo imitado não atua em virtude de sua analogia com a representação do próprio ato que será recomeçado, até porque a criança ainda não possui uma representação mental do corpo. Não podemos, portanto, pensar no movimento observado como a causa direta de sua execução pela criança. Esse raciocínio, que guarda todo seu valor quando aplicado ao adulto que sabe imitar, não explica como a criança aprende a fazê-lo. Um adulto pode, intencionalmente, imitar os trejeitos de outrem simplesmente porque o admira. Ele é, diferentemente da criança, capaz de comparar os movimentos observados aos posteriormente executados.

Ao abordar a sinestesia, Guillaume não discorda das teorias psicológicas que lhe atribuem uma eficácia direta na regulação do movimento (1950, p. 22-23). A importância das sensações é capital, pois ela fornece tanto o conhecimento da posição de partida do corpo e dos membros quanto dos movimentos, à medida que são realizados. Porém, nada permite supor que a sensação resultante de um movimento permita reproduzi-lo ou que o conhecimento da execução de um movimento seja o eliciador privilegiado que tende a reproduzi-lo (Guillaume, p. 22-23).

Assim, muitos dos psicólogos seus contemporâneos, ressalta Guillaume, buscaram a origem da atividade motora nos instintos ou reações excitomotoras pré-formadas. Guillaume toma contato com essas teorias, mas não acredita que exista um *instinto de imitação* que fizesse com que o ser humano imitasse naturalmente, simplesmente por reconhecer no outro um ser da mesma espécie ou semelhante (1950, p. 225). Ele também discorda da existência de *instintos especiais de imitação*, como se todo o funcionamento do corpo fosse regulado por uma coleção de instintos especiais (1950, p. 70). Desse modo, haveria um instinto para mover os olhos, outro para se locomover, e assim sucessivamente, de modo que se tornaria difícil precisar o inato e o adquirido, o fisiológico e o social. Guillaume consegue explicar a maioria dos movimentos atribuídos à imitação precoce por mecanismos progressivos de aprendizagem[1] (1950, p. 70). Porém, no caso da protrusão da língua, chega a admitir a existência de um instinto especial de imitação, por não conseguir explicá-la de outra maneira (1950, p. 45).

Mesmo que critique a noção de instinto como algo mais específico, Guillaume não vê razão para diferenciá-lo do reflexo, na medida em que ambos os conceitos designam as reações inatas a um estímulo de origem interna ou externa

---

[1] No decorrer de nosso texto, ficará mais claro de quais mecanismos se trata e qual a hipótese defendida por Guillaume.

(1950, p. 1). Nesse sentido, é possível pensar em reações excitomotoras pré-formadas, e o autor, inclusive, constata sua existência em bebês, sob a forma de movimento dos olhos e da cabeça, da preensão, atenção auditiva, expressões emocionais de dor, decepção e cólera, dentre outras (1950, p. 2). O fato de a enumeração ser incompleta mostra que, antes de qualquer imitação, existe, ou tende a se estabelecer espontaneamente, uma uniformidade de comportamentos da criança e do homem. Assim, certos movimentos que poderíamos pensar que fossem imitados são, ao contrário, essencialmente espontâneos, já que diferem muito daqueles que um adulto ou uma criança mais velha seriam capazes de executar.

Se as verdadeiras reações instintivas não são imitações, deve-se estudar a gênese da imitação religando-a a essas reações primitivas das quais ela deriva. Para isso, Guillaume recorrerá à noção de *imitação de si-mesmo* ou reação circular (1950, p. 38), primeiramente descrita por Baldwin[2] (*apud* Guillaume, 1950, p. 82). No mecanismo da reação circular, a resposta do organismo a determinado estímulo é imediata e eficaz e ele tende a reproduzir o estado mental acionado pelo estímulo, reproduzindo novamente a resposta. Esse processo se assemelha a um impulso motor, traço característico da primeira infância. No plano psíquico, observa-se que as crianças buscam reproduzir as sensações que acabam de experimentar,

---

[2] Sobre Baldwin, conferir o primeiro tópico do quarto capítulo do presente livro, que apresentou a teoria deste autor.

independentemente de sua natureza agradável ou desagradável, isto é, de qualquer valor afetivo. A paciência com a qual as crianças repetem, indefinidamente, os mesmos movimentos, as mesmas palavras, sem parar, é um fato deveras conhecido. A princípio, a continuação ou a repetição de uma ação dependem do outro, o que leva a criança a utilizar os recursos dos quais dispõe para solicitar que ele execute a repetição da qual ela ainda é incapaz, reagindo com júbilo ou descontentamento de acordo com o atendimento ou não de sua demanda. Então, cabe aos outros interpretar, ou até mesmo adivinhar, a importância da repetição para a criança, em um primeiro momento, até que ela adquira meios mais eficazes de se comunicar, diminuindo, assim, a necessidade de interpretação por parte daqueles que com ela interagem.

Antes de prosseguir, gostaríamos de destacar que alguns conceitos oriundos da Psicologia Experimental foram de extrema utilidade na construção da teorização de Guillaume, como é o caso da *lei de transferência*. Essa lei se refere à transferência de um ato motor, originado por uma excitação eficaz, a outras anteriormente ineficazes. Algumas excitações são predeterminadas a provocar reações que, posteriormente, servirão de resposta a outras excitações inicialmente estranhas ao organismo. Nesse processo, formam-se os hábitos que, segundo Guillaume, são a maneira adquirida de reagir a determinadas excitações (1950, p. 2).

Guillaume assinala que outro emprego da *lei de transferência* é ilustrado pelo estudos dos fisiologistas Pavlov e Bechterew sobre o reflexo condicionado; tal estudo também obedece ao mesmo pricípio que M. Hachet-Souplet denomina *lei de recorrência* (*apud* Guillaume, 1950, p. 2). Em suma, pode-se dizer que os seres da natureza regem seus atos de acordo com os sinais que permitem as antecipações motoras. Todo desenvolvimento da criança no primeiro ano de vida consiste em reagir cada vez mais prontamente aos sinais dos fatos que a interessam, todo seu conhecimento intelectual opera a partir da transferência de um valor afetivo e motor de empréstimo a um grande número de percepções que se tornam significativas e utilizáveis. Inicialmente, a criança reage a um número restrito de estímulos. Após algum tempo, reage a novos estímulos da mesma maneira que agia antes, para, só depois, com a educação, adquirir um repertório coerente de comportamentos.

A percepção merece um lugar especial nos estudos de Guillaume, de tal maneira que, em se tratando de crianças, pode-se afirmar que "a percepção determina o movimento" (1950, p. 6). A percepção regula a ação e, inclusive, a sugere. Ela não sugere a ideia, a representação, mas determina diretamente a execução sem a mediação de uma imagem mental do ato.

A transferência de motricidade é a consequência que importa, pois remontar a uma experiência precedente é uma atitude intelectual pouco prática e, portanto, inexistente na criança, cuja adaptação ao que virá, e não ao que antecede, é o que prepara as reações. Seguindo este mesmo raciocínio, Guillaume pensará na função da imitação dirigida aos resultados de uma ação, e não na ação propriamente dita (1950, p. 87). Dessa maneira, a criança se interessa e se atém ao efeito produzido pelo ato, esforçando-se por reproduzi-lo, sem saber que, ao fazê-lo, imita-o. Os meios para se atingir o resultado efetivamente não importam e serão rapidamente ignorados com o determinismo dos hábitos. Apesar disso, é nesse ponto intermediário que a influência dos adultos torna-se decisiva. São os pais ou os adultos mais próximos que corrigirão a criança em suas tentativas de alcançar determinado objetivo, aperfeiçoando-as até que se tornem habituais e próximas do comportamento dos adultos – é o que Guillaume denomina *educação* (1950, p. 87). A criança aprende a obedecer aos movimentos que lhe são comunicados e, após ser submetida passivamente, ela passa a participar ativamente.

Desse modo, os atos da criança, a princípio subordinados ao objeto ou à situação, dirigem-se progressivamente à imitação da ação de um outro, tomado como modelo, ao lidar com esses mesmos objetos e situações. A imitação verdadeira depende da passagem da subordinação ao objeto para o exemplo dado, sendo que o adulto deve-se tornar, para a criança, "a medida de todas as coisas" (p. 121), um objeto privilegiado que adquire uma significação particular, o intermediário universal entre o mundo e a criança. Nesse caso, o valor afetivo é decisivo e influi no que se constituirá como atrativo e importante para a criança.

## As etapas da imitação

A criança começa imitando atos significativos, nos quais os elementos objetivos são essenciais, e deve conseguir atingir, pela perda da importância real dos objetos – que passam a um segundo plano –, a *imitação pura*. Antes disso, porém, passa pela *imitação simbólica*.

A imitação simbólica é tardia (entre os dois e os três anos) e apresenta certa autonomia em relação ao objeto, sendo vista como um esboço, um simulacro, mais que uma cópia do modelo. Ela comporta elementos imaginários ou objetos reais aos quais é dada uma significação simbólica e convencional. Desse modo, ou a imitação é dirigida a um objeto imaginário (por exemplo, imitar um trem ou um ônibus), ou, ainda, se o objeto está presente, o ato é somente indicado (fingir, por exemplo, que vai colocar um objeto proibido na boca), sendo uma prova de que o gesto não é mais uma simples resposta instintiva ou habitual.

Guillaume não define especificamente a imitação pura, mas assegura seu caráter essencialmente humano, independente de qualquer objeto e complementar à vida (1950, p. 131). A criança imita movimentos, atitudes, expressões e até mesmo o comportamento de pessoas, agora sob a influência da representação mental. A partir de seu conteúdo afetivo, essa forma de imitação exibe uma característica de iniciativa e de expressão da vontade, ao mesmo tempo em que sua dimensão intelectual exerce a função de controle sobre os movimentos realizados, comandando, assim, sua seleção e execução. Seu papel limita-se à construção de atos complexos, compostos de elementos mais simples e primitivos que tendem a se extinguir à medida que representações progressivamente mais elaboradas e conscientes passam a prevalecer.

A lembrança de uma experiência interessante, ou sua representação mental, atua como a percepção do que ela representa, com menos gasto de energia, mas com a mesma capacidade de solicitar respostas motoras semelhantes. Isso permite comparar o que fazemos com o que gostaríamos de fazer, de julgar a conformidade de um ato executado a um ato imaginado.

Mas o que dizer dos casos em que o adulto, desde o princípio, é o objeto privilegiado do interesse da criança? Guillaume constata que existem formas mais diretas e precoces de imitação, independentes do objeto, facilmente encontradas nas relações da criança com o cuidador mais próximo, por exemplo, a mãe ou a babá (1950, p. 127). Nesses casos, a criança imitará o jeito do modelo, realizando uma espécie de simulação a partir do momento em que o exemplo mostra à criança o ato que se espera que ela realize: abrir a boca para comer, dar adeus etc. (1950, p. 127). O modelo encoraja a criança a agir de qualquer maneira: falando em diferentes entonações, tocando seu corpo e movimentando seus membros, para, assim, realizar alguma ação por ela. Quando o resultado esperado é obtido, o modelo oferece marcas de aprovação e admiração que se tornam um sinal para a repetição do ato. É assim que devemos interpretar as imitações precoces, que podem acelerar a aprendizagem, embora não sejam consideradas essenciais para que ela aconteça. Desse modo, Guillaume não dá muita importância a essa imitação, por considerá-la insignificante no desenvolvimento psíquico da criança (1950, p. 128). Ele destaca que esse procedimento educativo tem algo de contingente e artificial, pois se mostra à criança o ato demandado, mas não se ensina como realizá-lo de maneira mais eficaz. Assim, prefere apostar no progresso espontâneo da imitação, que permitiria chegar a uma sequência definitiva e comum.

Por fim, Guillaume destaca que todos os degraus inferiores subsistem quando chegamos a um degrau superior (1950, p. 134). Ele exemplifica a coexistência dos diferentes modos de imitação lançando mão de um experimento realizado com sua filha: ele pediu que ela o imitasse e, em seguida, mexeu os olhos para cima, para baixo, para a esquerda e para a direita (1950, p. 134). De imediato, a menina fez os movimentos, mexendo a cabeça, atingindo o resultado esperado, para, só depois, com a correção e explicação do pai, realizar a imitação pura do gesto em si.

## A consciência da imitação e o "Eu virtual"

Para Guillaume, a imitação completa é aquela que, necessariamente, é acompanhada da consciência de imitar (1950, p. 137). Esta depende do desenvolvimento da noção de semelhança do Eu com as outras pessoas e da equivalência dos atos. De seu ponto de vista, a criança é um ser organizado, de modo que as excitações sensíveis só se constituem em percepções conscientes quando despertam uma função já estabelecida (1950, p. 143-144). Assim, a criança não se submete a todos os estímulos que a rodeiam, já que eles só se tornarão percepções efetivas ao se conjugarem com determinados padrões que permitem o acesso à consciência.

Guillaume ressalta que não há na vida da criança um momento no qual ela descobre sua semelhança com outras pessoas (1950, p. 150). Ela não possui a noção de um Eu interior passível de conjugação com a percepção de uma pessoa externa. A criança não pensa em si mesma, mas no que lhe interessa. O Eu ignora a si próprio enquanto ocupa o lugar de sujeito universal e centro do mundo, o que faz do egocentrismo um estado profundamente natural e involuntário. Por isso, Guillaume cunhou a expressão "Eu virtual" (1950, p. 145). Ainda assim, a primeira ideia consciente do Eu não será a de um Eu centro do universo, mas de um Eu objetivo, que só pode ser unidade como os outros na medida em que os imita e toma consciência de si nessa ação. No princípio, o adulto cuidador se mostra à criança sob um aspecto que exclui toda reciprocidade: ele a pega no colo, troca sua fralda, dá-lhe banho etc., colocando-a, assim, em uma condição de passividade que só começará a mudar quando aparecer a imitação. Guillaume conclui que a consciência de si corresponde ao desenvolvimento da imitação (1950, p. 168).

Nesse sentido, a experiência do espelho pode acelerar a imitação dos movimentos da face e das atitudes gerais e aguçar a consciência de si, sem, no entanto, constituir-se como uma condição *sine qua non* para a aquisição das funções egoicas. Crianças que jamais se viram no espelho imitam e se reconhecem como semelhantes às outras pessoas, que são, na opinião de Guillaume, o espelho natural que reflete a imagem da criança quando imita (1950, p. 167).

A consciência de nossa semelhança com outras pessoas não resulta de uma comparação direta de formas visíveis. O ponto de partida é a semelhança dos efeitos dos atos na imitação, fato que promove uma solidariedade cada vez mais estreita entre os aspectos subjetivos e objetivos, dos quais resulta uma tendência a construir uma representação de si mesmo que só se tornará mais precisa de uma maneira indireta e tardia.

## A imitação vocal

Paul Guillaume apresenta-nos uma série de exemplos de imitação, que vão desde as reações excitomotoras pré-formadas até processos bem mais complexos e tardios do desenvolvimento psíquico (1950, p. 29-38). Nessa gama de fenômenos imitativos, a imitação vocal recebe atenção especial.

Guillaume considera que o estudo da imitação vocal, assim como da imitação motora, deve começar por aquilo que Baldwin denominou de imitação de si mesmo ou reação circular (Guillaume, 1950, p. 38).

Após as refeições, durante o banho ou em outras situações, a criança muitas vezes manifesta seu bem-estar por meio de vocalizações espontâneas e não intencionais. Essa fala é conhecida como *lallen*[3], e não se encontra subordinada a nenhuma

---
[3] Em português, costuma-se traduzir a palavra francesa *lallen* por balbucio ou lalação.

representação auditiva, a nenhum som que ela já tenha, porventura, escutado. A criança brinca com a voz, o que mostra a insuficiência da concepção comum que associa o esforço vocal com seu efeito auditivo, isto é, com o som da própria voz escutado pela criança. Ela não fala porque se pode ouvir, tanto é que todas as crianças, inclusive as surdas, são capazes de balbuciar. E, se assim fosse, as primeiras palavras pronunciadas pela criança deveriam também resultar dessas primeiras vocalizações. No entanto, vemos que os sons mais precoces (por exemplo, /o/, /g/, /e/, /o/ e /r/) desaparecem por um tempo e só retornam quando a criança já pronuncia outros sons.

O balbucio caracteriza-se pelas repetições, mas não consiste em um produto artificial da imitação, como no caso das imitações precoces. A imitação é universalmente imposta pela criança a seu meio, e isso pode ser compreendido de diversas maneiras, como a tendência neuromuscular de produção de formas rítmicas e certa inércia motora que tende ao menor esforço da repetição, evitando, assim, o trabalho de modificar a adaptação dos órgãos. Outra explicação parte de um ponto de vista mais ligado aos afetos, e pressupõe um prazer específico a repetição. Quando a criança adquire certo domínio da emissão dos sons, o jogo torna-se mais consciente, e ela não quer mais parar de falar.

A imitação de si mesmo não é voluntária no sentido de buscar um objetivo conhecido. A vontade de imitar surge gradativamente e acompanha o progresso da imitação. Mas o que é preciso para que a criança passe a imitar a voz dos outros?

Diferente do que ocorre nos movimentos, os sons da própria voz não afetam os órgãos auditivos de uma maneira essencialmente diferente dos sons que têm uma origem exterior. Desse modo, pode-se deduzir que, uma vez estabelecida a reação circular, ela pode também colocar em ação a imitação dos sons produzidos pelos outros. A percepção da fala do outro junta-se à tendência latente de repetição que vem da percepção auditiva dos sons produzidos pela própria criança. Dessa forma, a imitação do outro se desenvolveria sobre um terreno preparado pela tendência à imitação de si mesmo.

A princípio, poder-se-ia esperar que a imitação capaz de levar ao aprendizado da língua dependesse dos sons que a criança pronuncia por si mesma e que lhe são familiares. O que se observa, no entanto, é que a imitação de si mesma não chega a produzir um desenvolvimento da linguagem, sendo que é apenas mais tarde, quando a imitação for diretamente dirigida ao outro, que ela se tornará formadora de novos fonemas.

A generalização da imitação para o aprendizado depende de duas condições interligadas: 1) é preciso que o fonema se torne uma espécie de objeto reconhecível, independente da diferença de timbres, altura etc.; 2) é preciso que se torne um signo compreensível e adquira um interesse superior ao de um simples barulho vocal. As duas condições são inseparáveis, pois a percepção do fonema só se concretiza no momento em que adquire um valor simbólico.

As primeiras palavras da criança designam, simultaneamente, os objetos e os estados subjetivos aos quais se referem.

As palavras só têm sentido se forem compartilhadas socialmente. A criança imita mais facilmente as formas de linguagem que ela ouve na fala de terceiros do que aquelas que lhe são dirigidas diretamente, de tal maneira que a compreensão do nome próprio e a aquisição dos pronomes pessoais *eu* e *mim* são tardias. No princípio, a criança refere-se a si mesma na terceira pessoa, em consonância com a forma como os outros a designam. Somente mais tarde poderá desenvolver a capacidade de referir-se a si mesma.

Além disso, há uma decalagem entre as primeiras palavras compreendidas e as primeiras palavras faladas. Normalmente, a criança compreende mais palavras do que é capaz de pronunciar. Esse atraso ocorre porque a percepção auditiva diferenciada deve anteceder a fala, sendo sua precondição.

Desse modo, o progresso da imitação é lento, porque implica a diferenciação da percepção auditiva, ligada, de certa maneira, à compreensão da linguagem, que lhe dá uma razão de ser. É assim que a imitação se apoia no interesse que a criança tem em falar, o que faz com que o estímulo à fala se torne tão decisivo para o desenvolvimento. É preciso fazer nascer artificialmente o prazer do jogo da fala, para, assim, promover as condições de uma educação. As primeiras palavras que dirigimos à criança não são apenas um convite a perceber, a dirigir sua atenção ou a reagir, mas também um convite a reproduzir a fala.

A dependência da criança em relação ao adulto comprova o caráter não instintivo da imitação, pois é preciso que o adulto a incite à imitação para que ela se desenvolva. À medida que a criança fala, o adulto a corrige, ensina e elimina, progressivamente, seus erros. A imitação aperfeiçoa-se cada vez mais, de forma diferente do que aconteceria se fosse apenas uma capacidade inata. O aperfeiçoamento é a expressão da plasticidade cerebral, do poder de adquirir capacidades e de se modificar.

Para concluir, Guillaume aponta para um caráter paradoxal da imitação. Quando ela permite a aquisição de novas habilidades, momento em que se dá a formação dos hábitos, sua função se reduz (Guillaume, 1950, p. 55). Quando se atribui um valor fonético a uma letra, não conseguimos usá-lo de outra forma. Na presença de um som desconhecido, o adulto o imita, substituindo-o por um som familiar. A criança procede da mesma maneira, mas é menos incomodada no seu progresso pela concorrência de outros fonemas já concretizados. É por isso que, quanto mais cedo ocorrer o aprendizado de uma língua estrangeira, melhor será a sua pronúncia. A diferença da imitação na criança e no adulto não é profunda, mas corresponde a graus de capacidade imitativa que variam com a idade.

## Os aspectos afetivos da imitação

Paul Guillaume buscará na *simpatia* os aspectos afetivos da imitação. Para isso, tomará essa palavra em seu sentido originário: o indivíduo experimenta a simpatia como um eco, uma ressonância do sentimento experimentado pelos outros (1950, p. 175). Em sua forma mais completamente evoluída e humana, ela é o conhecimento da existência do sentimento dos outros. O autor ressalta esse termo de modo a diferenciá-lo do senso comum, que o mistura com outros, principalmente bondade e piedade. A título de esclarecimento, Guillaume pondera que, no caso de um homem que, ao ver uma criança ser maltratada, fica enfurecido ou indignado, não seria apropriado falar de simpatia; mas se uma criança vê a outra nessa situação e sente medo, aí sim temos um bom exemplo de simpatia (1950, p. 175).

Logo, na simpatia, verifica-se o contágio de emoções, ao passo que, na imitação, privilegia-se o contágio de atos. O estudo da simpatia acompanhará os desenvolvimentos do estudo da imitação acima descritos.

Nas primeiras manifestações de simpatia, a criança confunde-se com o objeto ou com a pessoa. Ela pode sentir o dano causado a um objeto ou a uma pessoa como se o fosse a ela mesma. Não se trata de uma simpatia verdadeira, pois a criança não sabe sobre os sentimentos do outro, nem sobre a diferença entre ela e o outro. Outra ocorrência dessa pseudossimpatia pode ser vislumbrada no que Guillaume denomina simpatia egocêntrica (1950, p. 190). Nesse caso, as marcas da vida interior do outro só interessam se tiverem consequências significativas para a criança. Assim, se os pais estão tristes ou aborrecidos e negam algum tipo de satisfação à criança, ela também pode ser afetada por esses sentimentos, mas por motivos diferentes. A criança reage às emoções do outro, mas só acidentalmente poderá haver entre eles paralelismo afetivo.

Tal qual ocorre na imitação, na simpatia também descartamos a ideia de que a percepção dos fenômenos expressivos pode despertar, por uma ressonância direta na criança, o sentimento que lhe corresponde. A atribuição de sentimentos aos outros somente será alcançada por meio de um novo progresso intelectual. É tardiamente que os outros vêm a ocupar o pensamento da criança. Como vimos, os processos representacionais dependem de um longo percurso de desenvolvimento que compreende, necessariamente, as etapas de imitação já mencionadas.

A simpatia não será completa até que se tenha consciência de si e do outro, não bastando a analogia da tonalidade afetiva. Não obstante, Guillaume destaca a participação simpática como um resquício das primeiras formas de simpatia. Ela se caracteriza pelo sentimento que o espectador tem de viver as emoções executadas por outra pessoa: quando assistimos a um espetáculo, ou a uma competição, vivemos as emoções dos atos como se nós mesmos os executássemos (Guillaume, 1950, p. 190-191). Sentimos satisfação ao vermos os outros agirem. Esse é o estado mental no qual uma criança assiste aos atos que lhe interessam.

## Merleau-Ponty e o problema da imitação

O filósofo francês Maurice Merleau-Ponty (1908-1961) percorreu com seus escritos vários temas em diferentes áreas do conhecimento. Os títulos dos resumos de seus cursos na Sorbonne, *Filosofia e linguagem* (1990a) e *Psicossociologia e filosofia* (1990b), que tomaremos aqui como referências principais, deixam evidente esse caráter interdisciplinar. O "problema da imitação", que aparece em vários momentos de sua teorização – seja quando investiga a aquisição da linguagem ou em relação à percepção do outro pela criança –, é um bom exemplo desse percurso.

Comecemos pela visão de Merleau-Ponty sobre o desenvolvimento psicológico da linguagem na criança. A primeira manifestação de linguagem na criança ocorreria sob a forma do balbucio, por volta dos dois meses de idade. O balbucio compreende fonemas variados, inclusive ausentes da língua que se fala em torno da criança, mas isso não elimina o papel da imitação (Merleau-Ponty, 1990a, p. 23). Do ponto de vista fisiológico, a sucção favoreceria o aparecimento de consoantes labiais e gestuais, sendo o balbucio comum a todos os bebês (Merleau-Ponty, 1990a, p. 24). Já a imitação, que chega a seu ponto culminante entre os seis e os doze meses, seria uma imitação rudimentar, e não dependeria da apreensão do sentido daquilo que é imitado. Ela se referiria tanto às palavras quanto à melodia da frase, de modo que podemos dizer que a criança busca "falar em geral" (Merleau-Ponty, 1990a, p. 23), ela brinca de falar. Segundo Delacroix, "A criança banha-se na linguagem" (*apud* Merleau-Ponty, 1990a, p. 25). Ela é atraída, envolvida pelo diálogo em torno dela e tenta dialogar. Merleau-Ponty aponta para o fato de que, aos quatro meses, antes de falar, a criança já se apropriou do ritmo e da acentuação de sua língua.

Aos oito meses, poderia verificar-se uma imitação intencional e a formação da pseudolinguagem: a criança introduz os vocábulos imitados em uma espécie de frase, também imitada, em seu aspecto rítmico. Entre dezoito meses e três anos, a imitação adquire duas formas: imitação imediata e imitação diferenciada, em que o modelo é incorporado ao saber latente da criança e só é utilizado mais tarde. Nesse caso, trata-se de uma organização dos modelos imitados, e não de simples reprodução.

Como a imitação está estritamente relacionada à aquisição da linguagem, isso levará às primeiras indagações de Merleau-Ponty sobre o *problema da imitação*: "O problema da imitação seria o seguinte: como, depois de ter visto um gesto, ouvido uma palavra, a criança chega a produzir um gesto ou palavra equivalente, tomando aquele gesto, aquela palavra como modelo?" (1990a, p. 38).

A primeira tentativa de solucionar essa questão foi oferecida pela psicologia clássica, de orientação introspeccionista. Nessa perspectiva, o psiquismo é algo muito próprio ao sujeito, inacessível e incomunicável ao outro, de maneira que só o indivíduo pode ter acesso a ele por meio da sinestesia[4] ou da introspecção. O psiquismo do outro revela-se apenas por sua

---

[4] Na sinestesia, o corpo é apreendido pelo indivíduo como uma massa de sensações brutas que reflete o estado dos órgãos e das funções vitais em geral.

aparência corporal, de modo que, ao ver os gestos do outro, é possível decifrar suas expressões a partir da projeção do que se sente no próprio corpo. Assim, só seria possível interpretar corretamente um psiquismo se ele tivesse uma correspondência exata com o psiquismo de quem o observa. Dessa maneira, a imitação seria tomada como um processo de dupla tradução: para traduzir uma conduta visual em linguagem motora, seria preciso, primeiro, compreender o que provoca a conduta do outro e, depois, reproduzi-la. Tomemos como exemplo o sorriso, que aparece precocemente no bebê. Para uma criança sorrir, seria preciso, primeiro, que ela possuísse o sentimento interno que o outro tem de seu próprio sorriso. Posteriormente, a imagem visual do sorriso do outro deveria traduzir-se em uma linguagem motora, ou seja, seria necessário que a criança colocasse em movimento os músculos de seu rosto, de maneira a reproduzir a expressão visível, qual seja o sorriso no outro. Entretanto, levando em conta a precocidade da imitação na criança, não podemos dizer que ela consiga fazer uma comparação sistemática entre o corpo do outro, tal como é visto, e o seu corpo, tal como é sentido. A criança possui um sentimento tátil ou sinestésico de seu corpo muito mais evidente que uma experiência visual, havendo regiões de seu corpo que ela não vê, nem verá, a não ser por intermédio do espelho, o que ocorre em um estágio posterior. A psicologia clássica fracassa na explicação da imitação, pois propõe uma relação de quatro termos: 1) imagem interoceptiva do próprio corpo; 2) corpo visto e tomado como objeto;

3) sentimento que o outro tem de sua própria existência; e 4) corpo do outro tal como é visto, quando, a rigor, dois desses termos estão ausentes na criança no momento em que as primeiras imitações surgem: a percepção visual de si e a percepção sinestésica do outro.

É interessante observar que Merleau-Ponty parte das mesmas considerações de Paul Guillaume acerca da explicação da psicologia clássica para os fenômenos imitativos, e, logo em seguida, recorrerá a esse mesmo autor, buscando resolver o problema da imitação. Como vimos anteriormente, Guillaume afirma que se imitam primeiro as ações do outro, e não o outro propriamente dito. O outro é simplesmente o ponto de origem dessas ações. Com efeito, não cabe perguntar como se pode representar um psiquismo que seria radicalmente estranho, mas investigar como uma conduta se transfere do outro para o sujeito em questão. Resumiremos, a seguir, a leitura que Merleau-Ponty faz da teoria de Guillaume.

Guillaume afirma que, antes de fazermos um movimento, não temos sua representação, não vislumbramos as contrações musculares necessárias para efetuá-lo (Merleau-Ponty, 1990a, p. 39). A consciência ignora a atração dos músculos, principalmente nas crianças, ignorantes de sua própria anatomia. Logo, a imitação deve estar fundada em outro princípio que não os propostos pela psicologia clássica.

Guillaume propõe que, antes de qualquer ação, há uma certa atração exercida pelo objetivo em que nós nos fixamos (Merleau-Ponty, 1990a, p. 39). Assim, imitaríamos o resultado de uma ação, de modo que a criança faria isso por seus próprios meios, descobrindo apenas posteriormente que executa os mesmos movimentos que o outro, ou seja, que imita. Na interpretação de Guillaume, inicialmente, não temos consciência de nosso próprio corpo, mas das coisas do mundo exterior – sabemos que existem objetos aos quais se dirige a ação do outro e a nossa (Merleau-Ponty, 1990a, p. 40). A imitação só se compreende como encontro de duas ações em torno do mesmo objeto. De tal forma, a imitação não visa ao outro, mas ao comportamento do outro, e adquire um caráter eminente: visa ao resultado global e não ao detalhe do gesto. É a partir da imitação dos resultados que se torna possível a imitação dos outros.

É em um estágio posterior que o adulto vem a ser o modelo mais importante para a criança, tornando-se o intermediário entre ela e o mundo. Essa imitação, intencional, é uma função tardia. A criança retoma para si, por meio de imitações parciais, representações particulares, sinais de que ela reconhece o outro em si.

Merleau-Ponty comenta, sem resolver a questão, uma complicação da teoria da imitação de Guillaume. Trata-se da análise da imitação afetiva. A imitação de sentimentos e das emoções é tão precoce quanto a dos atos e está bem mais voltada para o outro do que para o ato (Merleau-Ponty, 1990a, p. 44). Será que esse tipo de imitação não comportaria um componente humano diverso do interesse apenas pelo resultado? Para Guillaume, há na criança um interesse pelos sentimentos do outro, mas isso se dá sob a forma de uma simpatia egocêntrica, uma participação da criança nos sentimentos do outro que pode perdurar ou terminar de repente, sem motivo algum (Merleau-Ponty, 1990a, p. 44). A evolução dessa simpatia para a verdadeira se daria por um movimento análogo à passagem da imitação dos atos ou dos resultados à imitação propriamente dita, isto é, à imitação dos adultos. Ele diz que essa passagem se dá pelo jogo, no qual a criança e seus pais trocam de papel, distinguindo-se um do outro[5].

Após essas considerações a respeito da teoria da imitação de Guillaume, Merleau-Ponty esboça um prolongamento dela, agora na tentativa de investigar as relações da criança com o outro:

> [...] para compreender a aquisição da linguagem estudamos a imitação, para descobrir depois de Guillaume que a imitação não é precedida pela tomada de consciência do outro e pela identificação com ele, ao contrário, é o ato pelo qual se produz a identificação com ele. (1990a, p. 52)

Se, antes de imitar o outro, a criança imita as ações do outro, essa primeira imitação dependeria de a criança apreender globalmente o corpo do outro como portador de condutas

---

[5] Para embasar sua teoria, Guillaume cita Finnbogason, um autor escandinavo, que publicou um livro sobre a inteligência imitativa em 1914, cuja ideia principal é a acomodação. Segundo esse autor, uma vez acomodada, a imitação supera a si mesma, ela transborda para além dos limites conscientes e torna-se global (Merleau-Ponty, 1990, p. 44).

estruturadas e de experimentar seu próprio corpo como um poder permanente e global de realizar gestos dotados de certo sentido.

Desse modo, o corpo não pode ser um aglomerado de sensações como sugeria a psicologia clássica. Ele é, antes de tudo, um sistema no qual diferentes aspectos interoceptivos e exteroceptivos se exprimem reciprocamente e diversos domínios sensoriais não são estranhos uns aos outros. Ainda que, até os dois anos, a tradução de algumas sensações para a linguagem verbal, ou gestual, seja imprecisa e incompleta, o corpo possui um certo modo de ação que faria de seu conjunto um conjunto já organizado. A consciência que alguém tem de seu próprio corpo não é a de um bloco isolado, mas de um esquema corporal ou esquema postural[6].

Ao perceber a imagem visual do outro, a criança o apreende como um organismo dotado de "psiquismo", uma vez que a referida imagem é interpretada a partir da noção que ela tem de seu próprio corpo, e aparece, então, como o invólucro visível de outro esquema corporal. Assim, a correspondência entre a imagem visual do outro e a imagem interoceptiva do próprio corpo não é exata. Se a criança chega a identificar o corpo do outro e seu próprio corpo como objetos animados, isso não pode ocorrer a não ser que ela os identifique globalmente. A percepção de um comportamento no outro e a percepção

---

[6] Ver o conceito de "impregnação postural" de Henri Wallon, citado no item dedicado a esse autor.

do próprio corpo por meio de um esquema corporal global são dois aspectos de uma única organização que realiza a identificação do Eu e do outro.

A psicogênese começa por um estágio em que a criança ignora a si mesma e ao outro enquanto diferentes, estando em total identificação com o outro. O outro ocupa o lugar principal para o qual a criança está inteiramente voltada, a ponto de confundir-se com ele – ela mesma é um outro *outro*. O outro é, para a criança, o essencial, o espelho de si mesma ao qual seu Eu está preso. Merleau-Ponty nos lembra que, nas palavras de Guillaume, "O Eu se ignora enquanto é o centro do mundo" (1990a, p. 43).

Merleau-Ponty tomará algumas contribuições do filósofo fenomenólogo Edmund Husserl (1859-1958), como a noção de transgressão intencional, em que a experiência do outro transcende o próprio Eu (1990a, p. 47). Para perceber a existência do outro, é preciso que o corpo da criança e o corpo do outro estejam acoplados, como uma ação a dois: a conduta que a criança vê, ela a faz sua, retoma-a e compreende-a. Reciprocamente, os gestos que ela executa podem ser objeto de intenção para o outro. O comportamento do outro presta-se a tal ponto às intenções da criança, esboça uma conduta que tem tanto sentido para ela, que é assumido por ela como seu. É a transferência de intenções de um corpo para o outro, essa alienação de dois corpos, que torna possível a percepção do outro na criança.

Deve-se ressaltar que não se pode entender a percepção do outro supondo um ego e um outro absolutamente conscientes de si e que reivindiquem uma originalidade absoluta. Além disso, não se pode falar de uma comunicação, uma vez que, para que ela aconteça, é preciso uma distinção nítida entre aquele que comunica e aquele com quem se comunica.

É por isso que Merleau-Ponty lança mão do pensamento de Max Scheler (1874-1928), aluno de Husserl, que, em seu livro *Nature et formes de la sympathie* (1949), sugere a existência de uma pré-comunicação, na qual as intenções do outro se realizam no corpo da criança e vice-versa, evidenciando, assim, uma indiferenciação total entre o Eu e o outro na criança[7] (Merleau-Ponty, 1990a, p. 50-51). Para ele, isso se mostra no fato de que a criança percebe seu corpo como se fosse um objeto externo e os sentimentos do outro como se fossem os seus próprios. Ao ver-se por intermédio do outro, a consciência de si torna-se impossível sem a consciência do outro, mantendo-se separadas apenas no âmbito da existência concreta de dois corpos distintos.

Após essa fase de pré-comunicação, dar-se-ia a distinção dos indivíduos a partir da objetivação do próprio corpo[8] e da

---

[7] Essa ideia é compartilhada tanto por Guillaume – que diz que o primeiro eu é um eu virtual ou latente, ignorante de si mesmo e capaz de viver tão bem nos outros quanto em si mesmo – quanto por Wallon em sua concepção de *sociabilidade sincrética* (Merleau-Ponty, 1990a, p. 50).

[8] Merleau-Ponty utiliza como referência para explicar o processo de objetivação do corpo a noção de *estágio do espelho*, desenvolvida por Wallon (*apud* Merleau-

constituição do outro em sua diferença. De acordo com Merleau-Ponty, esse processo, correspondente a uma segunda fase, não se completa nunca (1900b, p. 74-77).

---

Ponty, 1900b, p. 75-77) e, posteriormente apropriada e reformulada por Lacan em seu artigo "Le stade du mirroir comme formateur de la fonction du Je" (1966).

# Considerações finais

Como pudemos constatar no decorrer desta primeira parte de nosso livro, é impossível fornecer uma definição unívoca da imitação. Ela é abordada de maneiras diferentes não só pelas diversas áreas do conhecimento, como também dentro de um mesmo campo.

Se tomarmos como exemplo a Psicologia do Desenvolvimento, poderemos constatar que os expoentes dessa corrente divergem quanto ao que consideram ser a verdadeira imitação, apesar de partirem de premissas similares. Há uma tendência à desvalorização das primeiras aparições dos comportamentos imitativos, que são tomados ora como mimetismos (Wallon, 2007), ora como reflexos (Baldwin, 1887, 1889, 1894, 1895, 1901; Piaget, 1975), ora como rudimentos (Spitz, 1978, 1979). Vigotski, por sua vez, não se posiciona quanto à qualidade da imitação, mas deixa clara sua posição quanto à intenção dela: a reprodução criativa do comportamento do outro. Piaget, ao falar que a imitação propriamente dita requer a representação simbólica, também não nega a emergência de um aspecto novo que o imitador acrescenta ao ato imitado (1975, p. 18-28). Tendo em vista o caráter criativo da imitação, o seguinte problema se coloca:

como estabelecer parâmetros que delimitem o que, de fato, é a imitação?

Para os psicólogos do desenvolvimento, a imitação implica a existência de um outro, de um modelo a ser imitado (Spitz, 1979; Baldwin, 1895; Piaget, 1975). A corrente fenomenológica foi a primeira a acentuar o estatuto desse outro como sendo uma questão a ser discutida, pois se mostrou essencial ao próprio desenvolvimento da criança em relação ao seu meio. Para Guillaume, a imitação de objetos ou de objetivos não é uma imitação verdadeira, pois não inclui a percepção do outro como uma pessoa diferenciada pela criança (1950, p. 82, 100, 142). Merleau-Ponty se detém especificamente na percepção do outro e mostra que toda e qualquer imitação, mesmo as mais precoces, depende da capacidade da criança de apreender globalmente o corpo do outro, ainda que não o perceba como distinto do seu próprio (1990a, p. 39-44).

São visíveis e reconhecidas as influências de Wallon, Baldwin e Merleau-Ponty na teorização lacaniana sobre o estádio do espelho. No texto "Le stade du mirroir comme formateur de la fonction du Je", de inegável relevância para a teoria psicanalítica, Lacan explicita como a vivência especular nos fornece a imagem de completude, de união das partes do corpo, inicialmente fragmentadas em zonas erógenas (1966, p. 98). Apesar de ver essa experiência como necessária e essencial à constituição psíquica, Lacan empreendeu uma severa crítica a todas as psicoterapias centradas no eu, marcadamente a "psicanálise do ego" (1966, p. 250-251).

Para ele, o Eu é fonte de uma série de engodos e ilusões, de tal forma que se estabeleceu entre muitos psicanalistas um verdadeiro preconceito dirigido a todos os fenômenos psíquicos relacionados com a imagem e, principalmente, com a participação da imagem corporal na constituição de identificações (1966, p. 102). A imitação foi associada por um grande número de psicanalistas a essa dimensão imaginária do funcionamento psíquico, sendo, por isso, reduzida a um mecanismo de alienação e desconhecimento (Taillandier, 1987, p. 13-14; Peron, 1992, p. 32). O mesmo ocorre com os fenômenos da hipnose e da sugestão, que foram associados ao registro imaginário e à imitação.

Nos textos psicanalíticos sobre a identificação, essa necessidade de demarcar os registros do simbólico e do imaginário gerou uma tendência em distinguir claramente a identificação da imitação, além de, muitas vezes, determinar a busca de uma delimitação nítida entre o que pertenceria ao campo da Psicologia e o que caberia à Psicanálise (Taillandier, 1987, p. 13-14; Peron, 1992, p. 32). A coletânea de textos intitulada *Imitação e identificação na criança autista*, organizada por Hochmann e Ferrari (1992), ilustra bem esse posicionamento teórico. Mesmo sendo fruto de um trabalho conjunto entre psicólogos e psicanalistas, fica evidente, desde a introdução, a preocupação dos organizadores em estabelecer uma separação precisa entre, de um lado, imitação e enfoque psicológico e, de outro, identificação e enfoque psicanalítico. Pierre Ferrari (1992) aborda a imitação como um conceito relacionado às condutas diretamente observáveis predominantemente utilizado pela Psicologia do Desenvolvimento para descrever as ações e interações do sujeito com seus semelhantes. No que concerne à identificação, tratar-se-ia de um processo intrapsíquico, impossível de ser observado diretamente, cuja existência só pode ser postulada a partir de observações clínicas. Na tentativa de ressaltar ainda mais a diferença entre os processos, Ferrari descreve a identificação como apropriação não somente de um agir, mas também de disposições psíquicas que poderão, posteriormente, tornar-se a força impulsionadora das ações.

Mesmo reconhecendo a importância de se distinguir a imitação da identificação, julgamos importante superar a tendência a expurgar o conceito psicanalítico de identificação dos traços que o aproximam da imitação. Ao contrário, para que a Psicanálise possa avançar rumo a uma teoria da identificação capaz de auxiliar o trabalho clínico, sobretudo quando esse trabalho toma como objeto os transtornos relacionados aos momentos mais precoces na constituição do psiquismo, é imprescindível levar em conta as raízes mais arcaicas das identificações, que, certamente, estão plantadas nos fenômenos precoces de imitação.

# Segunda Parte

# Imitação na Metapsicologia e na Clínica Psicanalítica

# Introdução

O interesse pela teorização sobre os primórdios da constituição psíquica acompanha-nos há algum tempo. Tal como na experiência de muitos outros psicanalistas, esse interesse é motivado, sobretudo, por questões suscitadas pela tarefa clínica. São questões que normalmente surgem no encontro com pacientes que se mostram desprovidos de possibilidades de defesa ante os incrementos da excitação pulsional, o que é particularmente evidente no caso de crianças com transtornos muito precoces.

Nosso percurso na busca de uma metapsicologia das origens fundamenta-se em autores que destacam o papel do outro na constituição do psiquismo e notadamente em Jean Laplanche, com sua teoria da sedução generalizada. O início desse percurso caracterizou-se, por um lado, pelo aprofundamento do estudo de autores que se dedicaram a pensar sobre a questão das primeiras inscrições pulsionais, culminando na proposição de uma tese sobre a identificação primária (Ribeiro, 2000). Por outro lado, caracteriza-se pelo estudo do conceito de Eu em autores pós-freudianos que salientaram as determinações pulsionais e corporais dessa instância, o que nos leva, por outra via, ao mesmo problema da constituição de uma primeira identificação (Melo Carvalho, 1996).

Tanto por uma quanto por outra via, começou a configurar-se a importância do aspecto sensorial ou corporal das primeiras inscrições no sistema psíquico em constituição. Não se trata evidentemente de negar as determinações simbólicas do psiquismo, mas de admitir que os registros das sensações e percepções pré-verbais indicam, por um lado, o caminho inicial da inscrição de mensagens sexuais do adulto e, por outro, as vias possíveis de ligação da excitação que daí resultam. Recobertos pelo simbólico, esses registros conservam o poder de intrometer-se, muitas vezes sem palavras, nas diversas manifestações psíquicas.

Entre os autores que salientaram a dimensão sensorial ou corporal nos primórdios da constituição psíquica, destacamos Eugenio Gaddini, com seu trabalho sobre a imitação.

Após abordar a contribuição de Gaddini, faremos a exposição de um relato clínico, o "Caso Anne", em que a imitação é utilizada como referência no tratamento de um paciente adulto. A ligação da imitação com a formação da identidade de gênero será explicitada a partir do caso "Lance". Por fim, abordaremos a imitação na clínica do autismo, enfatizando sempre a anterioridade e a precocidade dos comportamentos imitativos em relação às identificações.

# 1.
# A IMITAÇÃO NA CONSTITUIÇÃO DA TÓPICA PSÍQUICA SEGUNDO EUGENIO GADDINI

## *A originalidade da concepção de imitação em E. Gaddini*

Na literatura psicanalítica, algumas referências à imitação são encontradas tanto no texto freudiano quanto nos trabalhos dos primeiros discípulos de Freud, mas essa noção só ganhou um lugar de destaque nas reflexões de Eugenio Gaddini, que lhe dedicou um artigo em 1968. Gaddini é um dos expoentes da psicanálise italiana. Ele viveu de 1916 a 1985, deixando uma obra significativa, porém pouco difundida no Brasil. Seu artigo sobre a imitação é fruto de uma pesquisa bastante sistemática e, diferentemente da maioria dos autores que abordam essa noção, ele não a vê como alheia ao campo de conhecimento da Psicanálise. Ao contrário, convida-nos a abrir um espaço na metapsicologia para acolher a imitação como um conceito que responderia à exigência de postular um momento primordial na constituição das identificações, caracterizado por um modo de funcionamento psíquico anterior ao pensamento e relacionado às sensações e percepções. Orientado por um método genuinamente psicanalítico, esse autor parte de observações clínicas que o levaram a postular a presença de fenômenos imitativos na constituição das identificações. Conforme argumenta: "De fato, a experiência clínica oferece exemplos notáveis desse tipo de regressão com distúrbios da identificação de tipo imitativo, acompanhados de fantasias de onipotência" (Gaddini, 1969, p. 476, tradução nossa).

No início de seu artigo, Gaddini busca apoio em Freud, citando uma passagem da *Interpretação dos sonhos* (1972) na qual se alude à distinção entre imitação e identificação ao tratar-se de averiguar o significado da identificação histérica. Freud afirma: "Assim, a identificação não constitui uma simples imitação, mas uma *assimilação* à base de uma etiologia semelhante: expressa uma semelhança, e se origina do elemento comum que permanece no inconsciente" (1972, p. 160). Gaddini entende que essa distinção não quer dizer que a identificação seja o oposto da imitação, mas sim um fenômeno mais complexo (1969, p. 475). Argumenta, em seguida, que o desenvolvimento ulterior da noção de identificação na obra de Freud e na Psicanálise, de modo geral, não levou em conta a noção de imitação, mas privilegiou outros conceitos, tais como o de incorporação e o de introjeção (1969, p. 475). Esses conceitos mostraram-se necessários para sublinhar aspectos genéticos e dinâmicos da identificação, mas, muitas vezes, são tomados uns pelos outros ou confundidos com o próprio conceito de identificação. Mesmo aqueles autores que constataram a existência de fenômenos de imitação, distinguindo-os das identificações, acabam por empregar o termo identificação no lugar de imitação, por insuficiência de elaboração e imprecisões terminológicas (Gaddini, 1969, p. 475).

A partir dessas considerações, Gaddini enfrenta duas exigências. A primeira delas é distinguir as noções de imitação, incorporação, introjeção e identificação. A segunda é a inserção da imitação no plano da metapsicologia.

Como primeiro passo de nosso estudo, buscaremos, portanto, o esclarecimento das distinções acima mencionadas.

## Imitação e identificação

Entre os autores que o precederam, Gaddini (1969, p. 479) cita Edoardo Weiss (1960) como aquele a quem se deve atribuir o mérito da distinção entre imitação e identificação. Entretanto, não encontramos em Weiss um aprofundamento dessa distinção, mas apenas alguns indícios que serviram a Gaddini como ponto de partida para sua argumentação. O principal deles é uma referência ao fenômeno da duplicação autoplástica, termo encontrado por Weiss em Ferenczi, que o utilizou para indicar "aqueles processos que possibilitam ao organismo adquirir e modificar sua forma e partes funcionais" (*apud* Gaddini, 1969, p. 479). Nessa formulação, fica evidente a referência ao modelo biológico da percepção imitativa, como observa Gaddini (1969, p. 479), e isso será um elemento importante em sua conceituação. Conforme veremos mais adiante, o fenômeno psíquico da imitação apoia-se no modelo biológico da percepção imitativa.

Outro indício encontrado em Weiss e, desta vez, marcado pela influência de Paul Federn, guarda estreita relação com a teoria do Eu deste último autor. Notemos, de passagem, que Gaddini, como um dos pioneiros do movimento psicanalítico italiano, foi certamente influenciado pelo trabalho de Weiss, que introduziu a psicanálise na Itália, foi analisado por Federn e foi também um dos responsáveis pela divulgação do pensamento deste autor. Podemos, assim, entender a influência de Federn nos trabalhos de Gaddini, com destaque para a importância dos processos somáticos na constituição do aparelho psíquico (Gaddini, 1969, p. 477).

Retomando, então, nossa exposição, podemos dizer que outro indício, encontrado em Weiss, em apoio à demarcação do conceito de imitação em relação à identificação, é a distinção entre dois momentos na constituição da instância egoica (Gaddini, 1969, p. 478). No primeiro momento, não há fronteiras que separam o Eu dos objetos, de tal modo que tudo o que o Eu corporal experimenta, tudo que com ele interage provocando sensações é incluído no sentimento de Eu (*ego feeling*). No segundo momento, o Eu, como Eu-instância, teria suas fronteiras delimitadas em relação aos objetos, e o processo identificatório consistiria em uma expansão de partes dessas fronteiras aos objetos, ou a parte deles, de modo a incluí-los no Eu (Federn, 1953, p. 349-350). É no primeiro momento que podemos situar a vigência da imitação tal como concebida por Gaddini, isto é, como um processo mais primitivo do que a identificação e como precursora desta na constituição do psiquismo (1969, p. 479).

Se Gaddini se apoia em Weiss para demarcar o terreno da imitação em relação àquele da identificação, ele o critica por não aceitar a noção de introjeção, que também considera necessária à compreensão dos primórdios do processo identificatório (Gaddini, 1969, p. 478). Vejamos, então, a distinção que Gaddini estabelece entre imitação e introjeção.

## Imitação e introjeção

O termo introjeção foi introduzido na Psicanálise por Ferenczi, em 1909, no artigo intitulado "Transferência e introjeção", no qual compara o psiquismo do neurótico ao do psicótico nos seguintes termos:

> Pois enquanto o paranoico projeta no exterior as emoções que se tornaram penosas, *o neurótico procura incluir em sua esfera de interesses uma parte tão grande quanto possível do mundo externo*, para fazê-lo objeto de fantasias conscientes ou inconscientes [...] Proponho que se chame introjeção a esse processo inverso da projeção. (1991, p. 84)

Tal termo foi adotado por Freud, que o emprega, pela primeira vez, em "Pulsões e destinos da pulsão", publicado originalmente em 1915, na seguinte passagem:

> Na medida em que os objetos externos oferecidos sejam fonte de prazer, eles são recolhidos pelo Eu, que os introjeta em si (de acordo com a expressão de Ferenczi [1909]), e, inversamente, tudo aquilo que em seu próprio interior seja motivo de desprazer o Eu expele de si. (2005, p. 158)

Notemos que essa passagem está inserida em uma discussão sobre a constituição da oposição Eu-mundo externo e, portanto, sobre momentos inaugurais da constituição do psiquismo.

Diferentemente da imitação, a noção de introjeção acabou entrando para o vocabulário da Psicanálise, havendo unanimidade entre os dicionaristas em defini-la como um processo pelo qual o sujeito, pela via da fantasia, introduz ou faz passar, de fora para dentro, os objetos e suas qualidades. A introjeção é, em geral, relacionada à incorporação, que é considerada o protótipo corporal do seu funcionamento. Admite-se, também, de modo geral, a estreita relação da introjeção com a identificação (Laplanche; Pontalis, 2004, p. 248; Mijolla, 2005, p. 984; Roudinesco; Plon, 1997, p. 397). Na opinião de Gaddini, a introjeção foi fundida e confundida com a identificação desde sua introdução por Ferenczi. Confusão justificada, segundo ele, pelo fato de que as introjeções se referem às bases orais das identificações, constantemente sublinhadas por Freud (Gaddini, 1969, p. 477-478).

Mesmo mantendo-se fiel ao sentido explicitado acima, Gaddini considera necessário conservar a noção de imitação ao lado da introjeção, contemplando, com isso, a distinção de dois tipos de registros no funcionamento psíquico das origens, a saber, o registro da atividade psico-oral e o da atividade psicossensorial, com seus dois modelos físicos de base, a incorporação e a percepção, respectivamente. Observemos que a incorporação é claramente situada por ele ao lado de um modelo físico, o que, a nosso ver, representa uma solução para a indeterminação das noções de incorporação e de introjeção na teoria psicanalítica. Comparando as definições desses dois termos em diferentes autores, constatamos que elas se sobrepõem, pois tanto a incorporação quanto a introjeção se referem ao modo de relação com o objeto que resulta na sua introdução e permanência em um espaço psíquico interno sob o regime da fantasia. O que distingue as duas noções é a referência ao invólucro corporal: se na incorporação ele tem um sentido realista, na introjeção o "colocar dentro" tem um valor metafórico, o que, em contrapartida, aproxima a introjeção da definição de identificação. Sendo assim, a tríade incorporação, introjeção e identificação parece comportar sobreposições propiciadoras de infindáveis confusões e, nesse sentido, consideramos apropriado o empenho de Gaddini em situar a incorporação como o modelo físico de base para a introjeção, que, em conjunto com a imitação, constitui a forma mais primitiva de identificação.

A nomeação de dois tipos de registros, o psicossensorial e o psico-oral, não implica limitar o registro da oralidade à zona bucal, tampouco excluir do registro sensorial a zona oral.

Gaddini nos lembra que Fenichel já afirmara que, no inconsciente, todos os órgãos dos sentidos são como bocas e, portanto, quando se trata das introjeções primitivas, "colocar na boca" e "imitar para perceber" seriam equivalentes (Gaddini, 1969, p. 477). Por que, então, distinguir esses dois registros? Há dois argumentos apresentados por Gaddini para justificar tal distinção. Primeiramente, porque esses dois registros correspondem a dois modelos funcionais: "colocar dentro da boca" e "imitar para perceber". Esses dois modelos determinariam duas formas da fantasia de fusão com o objeto nas experiências de gratificação ou frustração, que seriam, respectivamente, a incorporação e a modificação do próprio corpo. Isso estaria na origem das duas vertentes da atitude em relação ao objeto, tal como Freud indicou, distinguindo-as da seguinte maneira: "o que se gostaria de ter" e "o que se gostaria de ser" (1976b, p. 134). Nos investimentos narcísicos, essas duas disposições básicas coexistem, o que justificaria a formulação de Freud segundo a qual nas identificações que ele chama de primárias a relação com o objeto inclui ambas as formas, ou seja, tanto a vertente do ter como a do ser (1976c, p. 43).

Da mesma maneira, os afetos primitivos seriam modelados segundo esses paradigmas físicos originais, e isso determinaria o sentido dos conflitos mais precoces. Nesse ponto, Gaddini cita como exemplos a inveja e a rivalidade. A rivalidade estaria próxima do modelo perceptivo-imitativo (o objeto que se gostaria de ser), enquanto a inveja estaria do lado do modelo incorporativo-introjetivo (o objeto que se gostaria de ter).

Um segundo argumento para a distinção dos dois registros é o seguinte: do ponto de vista dinâmico, o registro psico-oral parece mais exposto ao conflito na relação de objeto, enquanto que o registro psicossensorial parece oferecer a possibilidade de um recolhimento em relação a tais conflitos e de exclusão do objeto externo que os suscita (Gaddini, 1969, p. 478),

Entendemos que essas justificativas de Gaddini salientam o valor de modelo que possuem o corpo e os processos corporais para a constituição dos lugares psíquicos. Sensorialidade e oralidade determinam diferentes formas de conexão do interno com o externo, implicando, assim, diferentes contribuições para a delimitação da tópica psíquica. Entendemos, também, que o registro oral é mais apto a representar as aproximações intrusivas do objeto externo e, por isso, mais exposto ao conflito, enquanto que o registro perceptivo seria mais apto a representar as aproximações de contenção exercidas pelo objeto, permitindo que elas sejam antecipadas e reproduzidas pela percepção imitativa.

Parece-nos, portanto, pertinente e fecunda essa argumentação de Gaddini que visa a situar a imitação ao lado da introjeção, tomando-as como elementos constitutivos do processo de identificação. Segundo ele, a identificação acaba por fundir e integrar os fenômenos da esfera sensorial perceptivo-imitativa com aqueles da esfera oral incorporativa-introjetiva. Tal processo ocorre, inicialmente, de forma fragmentada e só gradualmente adquire aspectos de integração. Ele afirma, ainda:

> Imitações e introjeções mais ou menos evoluídas permanecem continuamente ativas, independentemente do fato de representarem os principais elementos constitutivos da identificação. Esta última não pode acontecer sem as primeiras, mas introjeções e imitações, ao contrário, podem ocorrer sem que conduzam à identificação. (Gaddini, 1969, p. 479, tradução nossa)

Essa passagem nos remete à ideia de processos abortados da constituição psíquica, tal como nas graves patologias precoces, como também à ideia de permanência no psiquismo dos modos arcaicos de funcionamento, como sempre sublinhou Freud.

Uma vez esclarecida a relação da imitação com os conceitos de introjeção e identificação, passaremos a abordar sua inserção na metapsicologia.

## A *referência a Edith Jacobson*

Vimos, anteriormente, que Gaddini destaca o nome de Edoardo Weiss como o autor que propôs a distinção entre imitação e identificação, mas é a Edith Jacobson que ele atribui o mérito de ter inserido essa noção em um contexto mais claramente metapsicológico (Gaddini, 1969, p. 475-476). No livro *The self and the object world* (1964), mais especificamente no terceiro capítulo, Jacobson desenvolve algumas ideias sobre os tipos mais remotos de identificação, referindo-se, em algumas passagens, à imitação. Todavia, é importante deixar claro que Jacobson emprega o termo "identificações primitivas" para referir-se aos processos precursores das identificações, e reserva o termo "imitação" para designar processos mais tardios, nos quais já se nota uma atividade por parte da criança que a leva a esforços crescentes para imitar os objetos de amor. Gaddini critica a terminologia de Jacobson, argumentando que o termo identificações primitivas é enganoso, pois, na verdade, alude a fenômenos de natureza imitativa (1969, p. 475). Vemos, assim, que a concepção de imitação ganha sentidos diferentes para cada autor, e, segundo Gaddini, Jacobson teria descrito de forma adequada os fenômenos precoces de imitação, nomeando-os, porém, inadequadamente (Gaddini, 1969, p. 476).

Feito esse esclarecimento, vejamos a que espécie de fenômenos refere-se Jacobson quando busca apreender os momentos que fundam a constituição do *self* e do mundo objetal[1]. As primeiras experiências da criança, ainda na fase oral primitiva, não são limitadas à situação de amamentação e ao erotismo oral no sentido estrito, mas se estendem a um grande espectro de experiências de estimulação, gratificação e frustração. A criança tem experiências prazerosas em toda a superfície corporal, como já havia sido apontado por outros autores, dos quais Jacobson cita Sadger e Fenichel (1964, p. 34), que destacaram o papel significativo do erotismo motor, dos estímulos

---

[1] Os termos "*self*" e "mundo objetal" são correntes na psicanálise de língua inglesa e os empregamos aqui tal como aparecem no texto de Jacobson.

visuais e acústicos, das sensações proprioceptivas e cinestésicas da criança. Muito antes da constituição da oposição Eu-outro, são depositados no psiquismo da criança engramas de experiências que refletem as respostas aos cuidados maternos em todo seu domínio corporal e sensorial (Jacobson, 1964, p. 34).

Sendo assim, a ampliação da concepção de oralidade infantil vem incluir no domínio do pulsional toda a gama de cuidados maternos que ultrapassam largamente a amamentação, o que significa uma defesa da teoria pulsional contra a teoria do apego que vinha ganhando terreno na Psicanálise desde os trabalhos de Bowlby. De fato, a oralidade guarda uma relação muito bem estabelecida com o pulsional, ao passo que as variáveis salientadas pela teoria do apego na relação mãe-criança supõem um laço primário, independente das pulsões. Sem menosprezar a teoria do apego, Jacobson não abre mão da presença dos investimentos pulsionais na interação da criança com a mãe, acentuando esse aspecto tanto do lado da criança quanto do lado da mãe em todas as relações de cuidado e aconchego, tais como o ato de segurar, de trocar, de falar com a criança, de beijá-la etc. Jacobson diz claramente:

> Na verdade, com toda probabilidade, os padrões de descarga pulsional da criança e da mãe tornam-se sintonizados um com o outro durante os primeiros meses de vida do bebê. Acredito que este seja o significado da afirmação de

> Lichtenstein, segundo a qual, na situação simbiótica mais precoce, a mãe imprime um "tema de identidade" na criança. (1964, p. 35, tradução nossa)

Concluindo esse breve estudo do texto de Jacobson, salientaremos dois pontos de suas elaborações que foram retomados por Gaddini, seja de forma explícita ou indireta. O primeiro é o destaque dado aos fenômenos imitativos, nomeados como "identificações primitivas", e entendidos por ela como reações afetivo-motoras muito precoces do bebê, induzidas pelas expressões afetivas da mãe (Jacobson, 1964, pp. 34-35). O segundo é o alargamento da concepção de oralidade infantil, de forma a incluir nessa fase oral primitiva todos os elementos da esfera perceptivo-sensorial, o que, a nosso ver, está em sintonia com a proposição de Gaddini de um registro psicossensorial ao lado do registro psico-oral.

Outro ponto que consideramos de extrema importância em Jacobson e que parece não ganhar tanta ênfase em Gaddini é a defesa da teoria pulsional e do papel do outro nas identificações primitivas. Há um investimento pulsional da mãe na criança capaz de nela induzir reações afetivo-motoras que, por sua vez, são tomadas pela mãe como respostas da criança e suscitam, assim, novos investimentos maternos, em um processo mimético de mão dupla. Voltaremos a essa ideia nos nossos comentários finais.

## Convergências entre as proposições de Gaddini e elementos da metapsicologia freudiana

A noção de imitação não faz parte da metapsicologia freudiana. Gaddini observou que Freud menciona o termo imitação e preocupa-se em distingui-lo da identificação, mas convém notar que essa preocupação não visava a elevar a imitação à categoria de um conceito, e sim a afastar a identificação de uma noção do senso comum: a identificação não é mera imitação. Essa afirmação é feita na *Interpretação dos sonhos* (Freud, 1972) e reiterada em *Psicologia de grupo e análise do ego* (Freud, 1976b), texto em que a imitação é subordinada ao conceito de sugestão. Podemos observar ainda que o termo imitação, na maioria das ocorrências na obra de Freud, tem o sentido usual, corrente. O único texto no qual o encontramos como parte de elaborações metapsicológicas no *Projeto de uma psicologia* (Freud, 1995), e podemos perceber, nas ideias ali desenvolvidas, alguns pontos de convergência com as proposições de Gaddini. É curioso observar que Gaddini não faz nenhuma referência a esse texto de Freud, e poderíamos especular sobre os motivos que o teriam afastado de um estudo do *Projeto*, como, por exemplo, sua situação pré-psicanalítica, defendida por muitos comentadores. No entanto, o que nos interessa aqui é mostrar a aproximação que parece existir entre os dois autores quanto à imitação.

Lembremos que, para Gaddini, a imitação, originalmente, está ligada à percepção no sentido de que a percepção primitiva é "fisicamente imitativa". Isso quer dizer que o bebê percebe, inicialmente, modificando seu corpo em resposta a um estímulo, ou seja, ele não percebe o estímulo propriamente dito, mas a modificação de seu corpo (Gaddini, 1969, p. 476). As percepções imitativas constituem, portanto, o modelo biológico da imitação, sendo que, nesse modelo, trata-se de imitar para perceber.

O regime de gratificação e frustração ao qual o bebê é submetido tem influência decisiva sobre o destino posterior dessas percepções imitativas e seus traços de memória. Gaddini argumenta que o fenômeno que constitui o ponto de partida desse processo parece ocorrer sob o signo da frustração, e é conhecido como imagem alucinatória (1969, p. 476). Na ausência dos objetos gratificantes e na tentativa de fazer cessar as sensações de desprazer derivadas do aumento da excitação, a criança alucina, isto é, torna presente o objeto, reinvestindo o traço mnêmico da primeira experiência de satisfação, e experimenta essa percepção como realidade. Entretanto, nesse estágio, o objeto não é percebido como uma entidade própria, mas sim como parte do Eu corporal (Gaddini, 1969, p. 476). Nesse ponto de sua reflexão, ele nos remete a Freud, citando uma de suas frases *princeps* sobre a constituição do juízo de realidade, encontrada no texto "A negativa", a saber: "Assim, originalmente, a mera existência de uma representação constituía uma garantia da realidade daquilo que era representado" (Freud, 1976a, p. 298). Ora, as conclusões sobre a constituição do juízo, nesse texto originalmente publicado em

1925, não deixam de nos remeter ao *Projeto*, no qual o mesmo tema é detalhadamente explorado por Freud, e é exatamente em relação a esse tema que encontramos referências à imitação. Vejamos, então, como se desenvolve o raciocínio de Freud sobre o "pensar recognitivo ou judicativo" (1995, p.46) no *Projeto* até chegarmos ao ponto em que se faz menção à imitação.

O pensar recognitivo ou judicativo é parte constitutiva do processo de pensamento. Lembremos que o objetivo primeiro do pensamento é a realização de desejo, ou seja, ele é acionado com o fim de estabelecer uma identidade entre o objeto percebido e o objeto desejado. O pensar recognitivo ou judicativo pode ser considerado o ponto de partida do processo de pensamento: ele dá início à decomposição do complexo perceptivo quando há uma discordância entre a imagem recordativa do objeto de desejo e o objeto da percepção no movimento da excitação em direção à busca de satisfação. Nesses primórdios, as vivências corporais orientam o julgar, conforme afirma Freud: "Cabe ainda observar para o julgar que seu fundamento de existência está manifestamente nas próprias experiências corporais, sensações e imagens de movimento" (1995, p. 46). São essas experiências que dão alguma direção para os caminhos do processo do pensar, abrindo facilitações laterais pela via das imagens de movimento. Um exemplo, dado por Freud, e que reproduziremos a seguir, pode ajudar-nos a esclarecer o papel das imagens de movimento na constituição do juízo.

> Por exemplo, seja a imagem recordativa desejada a imagem do busto materno e seu mamilo em visão completa, e a primeira percepção uma visão lateral deste objeto sem o mamilo. Na recordação da criança encontra-se uma experiência ocorrida por acaso na amamentação, onde um determinado movimento de cabeça transformou a imagem completa em lateral. A imagem lateral vista conduz agora a um movimento de cabeça que – uma tentativa mostra –, tem que ser executado ao contrário, e chega-se à percepção da visão completa. (1995, p. 42)

Pelo que foi visto até aqui, podemos entender que o complexo perceptivo compreende um componente constante (no exemplo anterior, o seio) e um componente variável (as diferentes perspectivas do seio). Nas origens do juízo, ou seja, no julgamento primário, opera-se a decomposição desse complexo pela via das experiências corporais, das sensações e das imagens de movimento, como foi salientado na passagem anterior. Assim, no julgar primário,

> [...] [a percepção] corresponde a algo como um núcleo de um objeto mais uma imagem de movimento. Enquanto se percebe P, imita-se a própria imagem de movimento, ou seja, inerva-se a própria imagem de movimento, despertada pela discordância, tão fortemente que o movimento é executado. Daí poder falar-se de um *valor de imitação* de uma percepção (Freud, 1995, p. 46, grifos do autor).

Temos, nessa passagem de Freud, exatamente a ideia da percepção imitativa trabalhada por Gaddini. Trata-se de imitar para perceber. Cabem aqui alguns comentários para melhor evidenciar a aproximação entre os dois autores.

Em primeiro lugar, observamos que, tanto para Freud quanto para Gaddini, não se trata de comportamentos observáveis de imitação da criança em relação ao adulto. Trata-se, antes, da construção de hipóteses sobre os primórdios do funcionamento psíquico e o papel que tem, nesse funcionamento, a tendência a imitar movimentos, própria das primeiras percepções.

Em segundo lugar, observamos que, em ambos os autores, a percepção imitativa relaciona-se aos movimentos que visam ao restabelecimento da experiência de satisfação, o que indica que ela entra, desde muito cedo, no circuito pulsional.

Em terceiro lugar, lembremos que, para Gaddini, a referência à imitação responde à necessidade de se postular um momento primordial na constituição das identificações, em que ocorre um modo de funcionamento psíquico anterior ao pensamento e relacionado às sensações e percepções (1969, p. 476). Ora, no texto de Freud que estamos analisando, isto é, no *Projeto de uma psicologia* (1995), e, em particular nas passagens citadas e comentadas anteriormente, vimos que a referência à imitação contempla a mesma necessidade. A imitação das imagens recordativas de movimento faz parte do julgar primário, tido como ponto de partida da constituição do pensamento que, por sua vez, é correlativo da constituição do processo secundário e do

Eu enquanto organização no interior do sistema $\psi$ (*psi*). Certamente, ainda não há uma referência explícita ao conceito de identificação, mas podemos reconhecer precursores desse conceito na sequência das elaborações freudianas presentes no *Projeto*, como veremos mais adiante.

Por último, observamos que, para os dois autores, a imitação apoia-se, inicialmente, em um modelo biológico: para Gaddini (1969), o modelo da percepção imitativa, e, para Freud (1995), como podemos ver na citação a seguir, o modelo da atenção reflexa:

> A experiência biológica ensinará, então, a não iniciar a eliminação antes que o *signo de realidade* tenha chegado [...]. Por outro lado, a excitação dos neurônios $\omega$ também pode servir para proteger o sistema em um segundo caso, isto é, se chamar a atenção de $\psi$ para o fato de uma percepção ou para a ausência da mesma [...]. Então, a notícia da última eliminação (aquela da atenção reflexa) tornar-se-á biologicamente, para $\psi$, um sinal para enviar quantidade de ocupação nessas mesmas direções. (p. 40)

Sim, admitamos esse modelo biológico de base que explicaria, quer pela percepção imitativa, quer pela atenção reflexa, os primeiros movimentos imitativos do bebê. No entanto, o que esse modelo não consegue explicar – e que os dois autores perseguem em suas elaborações – é sua passagem para a esfera psíquica. Em Gaddini: por que meios o "imitar para perceber" se transforma no "imitar para ser"? Em Freud: a partir do julgar primário, em que a atenção reflexa orienta os caminhos de eliminação, sem inibição da motilidade, como podemos conceber o complexo processo de pensamento, que permite ao ser humano agir com premeditação, investindo as representações de palavra?[2]

Pensamos que uma resposta a essas interrogações exige a introdução do "complexo do próximo", nos termos de Freud (1995, p.45). É justamente em relação ao complexo do próximo, ou do semelhante, que surge outra referência à imitação no texto do *Projeto*. Suponhamos, argumenta Freud,

> [...] que o objeto que a percepção forneça seja semelhante ao sujeito, isto é, um *próximo*. Então o interesse teórico também se explica pelo fato deste objeto ser ao mesmo tempo o primeiro objeto de satisfação e, além disso, o primeiro objeto hostil, assim como o único poder auxiliar. Por isso, através do próximo, o homem aprende a reconhecer. (1995, p. 44)

---

[2] É importante retomar aqui a observação de Gabbi Jr. sobre a relação da imitação das imagens de movimento com a gênese da linguagem, tratada por Freud na parte III do *Projeto*: "Toda imagem de movimento traz em si uma tendência a ser repetida. Esta tese tem como finalidade introduzir a repetição das fonias. Freud está supondo que o próximo fala quando executa a ação específica para o infante. Por conseguinte, a palavra ouvida faz parte do circuito de eliminação que se formou em ψ devido à vivência de satisfação e que representa o desejo. Na sua repetição, o infante tende a ocupar a imagem motora da fala que está intimamente associada à imagem acústica" (Gabbi Jr., *in* Freud, 1995, p. 154, nota do tradutor 186).

Aqui se encontra explicitada a importância do outro na experiência de satisfação ou na vivência de dor, as duas vivências que estabelecem os circuitos de eliminação da excitação. Vimos que o complexo perceptivo tem sua parte constante e sua parte variável e, na busca da identidade entre o objeto da percepção e o objeto de desejo, ou o objeto hostil, as imagens de movimento terão papel fundamental.

Mas acrescentaremos aqui um elemento novo, que é a relação entre os movimentos do infante e os movimentos do outro, a partir de um exemplo dado por Freud. Ele propõe o seguinte: as percepções visuais dos movimentos das mãos do outro podem coincidir com a recordação de impressões visuais de movimentos vividos pelo infante ou o grito do outro poderá despertar a recordação do próprio grito e, com isso, a recordação de vivências próprias de dor (Freud, 1995, p. 45). Temos, então, outra referência à imitação, não no sentido de uma reprodução dos movimentos do outro, mas no sentido do reconhecimento e acionamento dos próprios movimentos, ou das próprias sensações, a partir dos movimentos do outro. É nesse sentido que podemos entender a afirmação de Freud segundo a qual, por meio do próximo, o homem aprende a reconhecer, isto é, o reconhecimento do objeto passa pelo reconhecimento do próprio corpo, espelhado pelo corpo do outro[3].

---

[3] "O julgar, mais tarde um meio para *reconhecer o objeto que talvez tenha importância prática, é, assim, originariamente um processo associativo entre ocupações vindas do exterior e ocupações provindas do próprio corpo, uma identificação entre notícias ou ocupações de* Φ *e de dentro*" (Freud, 1995, p. 47, itálicos nossos).

Conforme observa Gabbi Jr., não se trata aqui da percepção do outro como um todo, pois o infante tem uma percepção fragmentada do outro, registrada em circuitos distintos, o circuito de satisfação e o circuito de dor, e, por isso, não se deve tomar essas considerações como uma antecipação do estádio do espelho de Lacan (Gabbi Jr., nota do tradutor n. 176, *in* Freud, 1995, p. 151). Isso não impede, entretanto, que esteja aí colocada a relação entre o reconhecer e o identificar, e que se esteja tratando de processos precursores da identificação.

Outro comentário de Gabbi Jr., ao explicar sua opção de tradução de *erkennen* por *reconhecer*, depois de lembrar que esse verbo pode ter o sentido de "identificar com base em determinadas características", pode-nos ajudar a sustentar essa ideia: "Dados os três papéis desempenhados pelo próximo, o homem aprende a identificar-se a partir do outro com base em determinados indícios" (Gabbi Jr., nota do tradutor n. 173, *in* Freud, 1995, p. 150).

Tendo argumentado que Freud, ao referir-se à imitação, trata de momentos precursores da identificação, devemos interrogar mais profundamente sua referência ao próximo a partir da tripla posição que lhe atribui: a de primeiro objeto de satisfação, primeiro objeto hostil e único poder auxiliar. Podemos afirmar que o próximo é o objeto visado pelo desejo, ou pela defesa, justamente na medida em que esteve presente como *objeto de satisfação* na vivência de satisfação ou como *objeto hostil* na vivência de dor. Aqui não podemos deixar de salientar o seu papel paradoxal. Por ser o único *poder auxiliar*, realiza a ação específica capaz de satisfazer a necessidade do bebê, mas, ao colocar-se nesse papel, imprime um caminho singular de eliminação da excitação que passa a ser visado, para além da necessidade, como um requisito para a satisfação quando do novo aumento da tensão. Em suma, o próximo "desvia" os caminhos de eliminação da excitação daqueles caminhos biologicamente traçados ao dotar a excitação de uma força pulsional. Guardadas as devidas especificidades, o mesmo raciocínio pode ser aplicado à vivência de dor.

Cabe ainda outra questão relativa ao complexo do próximo. Partindo da afirmação segundo a qual os movimentos desse próximo servem de indícios para o reconhecimento e o acionamento das imagens de movimento do próprio bebê e, portanto, do circuito de eliminação, interrogamos: como seria reconhecer o próprio pelo outro se nesses primórdios trata-se justamente de delimitar o que é próprio e o que é outro? Se nos situamos no plano do modelo biológico, podemos responder que se trata simplesmente de um mimetismo possível na espécie humana. No entanto, esse mimetismo certamente não evoluiria para a identificação e a constituição do Eu se o outro fosse apenas um objeto prestativo a ser observado e imitado, se ele não investisse a criança com seu desejo. Isso nos convida a focalizar nossa atenção naquilo que vem do outro na constituição da experiência de satisfação, o que equivale a deslocarmos a atenção de uma criança observadora e um adulto observado para uma criança observada, tocada, posicionada por um adulto que lhe supõe desejos e que a investe de seus próprios desejos. Não seria justamente por essa razão que o "imitar para perceber" transforma-se em "imitar para ser"?

O caso dos bebês merecistas, discutido por Gaddini (1969, p. 481), pode ajudar-nos a tornar mais clara essa ideia. Antes de abordá-lo, observamos que as últimas considerações visam a destacar o papel do outro na constituição do psiquismo da criança, realçando elementos conceituais presentes no *Projeto* (Freud,1995) que não foram realçados por Freud. Com efeito, apesar da importante referência ao "complexo do próximo", prevalece, nesse texto, uma perspectiva endogenista na visão da constituição do psiquismo, centrada nas excitações e iniciativas do bebê. Não se leva às últimas consequências a afirmação segundo a qual "através do próximo, o homem aprende a reconhecer" (Freud, 1995, p. 44). Levar às últimas consequências essa afirmação seria atribuir muito mais iniciativa ao outro e a seus investimentos pulsionais na instauração das primeiras identificações.

Em Gaddini (1969), a mesma tendência de "autocentramento" pode ser notada. O outro não é ignorado, mas o foco incide no processo que se desenrola a partir da criança, como se se tratasse de um processo maturacional espontâneo, facilitado ou dificultado pelos objetos gratificantes ou frustrantes.

## Uma ilustração clínica: os bebês merecistas e a imitação

O merecismo, também conhecido como ruminação, é considerado um dos transtornos psicossomáticos mais precoces da infância. Aparece, em geral, no primeiro ano de vida, mas pode ocorrer até aos três meses. É uma síndrome rara, mas extremamente grave devido à alta taxa de mortalidade a ela associada. Em um estudo realizado em 1959, Gaddini e Gaddini acompanharam seis casos de merecismo, sendo que, em três deles, o quadro manifestou-se aos três meses de vida do bebê, e, nos outros, aos seis ou doze meses. Em todos eles, observou-se que a relação da mãe com a criança era acentuadamente patológica, e que o desmame havia sido traumático. A observação dessas crianças mostrou que as principais manifestações do quadro ocorrem sempre depois das refeições, podendo surgir imediatamente após ou no intervalo de uma hora e meia após a ingestão do alimento.

Reproduzimos, a seguir, uma descrição detalhada fornecida pelo autor de uma manifestação de uma criança merecista apresentada e comentada por Gaddini dez anos depois do estudo realizado em 1959, isto é, no texto em que expõe suas elaborações sobre a imitação:

> A ruminação começou com uma autoestimulação rítmica da cavidade oral, obtida pela introdução do polegar e por sua pressão contra a parte posterior do palato duro. A

> estimulação desta área era acompanhada por movimentos
> de sucção e por contrações rítmicas dos músculos faríngeos
> e epigástricos: tinha-se a impressão de que a musculatura
> lisa do esôfago, do estômago e da cárdia estavam também
> envolvidas. Enquanto isso, a língua era ritmicamente pro-
> jetada para frente, com a parte central pressionada. Nesse
> estágio, que podia durar de quize a vinte segundos até uns
> dois minutos, a criança apresentava uma expressão absorta,
> intensa e não mostrava qualquer interesse pelo ambiente
> ao seu redor. Num determinado momento, pequenas
> quantidades de leite começavam a aparecer no fundo da
> cavidade oral. O ritmo dos movimentos acelerava-se em
> tensão crescente, até que a cavidade oral fosse inundada de
> leite: isso levava poucos segundos. (Gaddini, 1969, p. 481,
> tradução nossa)

Comentando essas observações, Gaddini afirma que, nessas crianças, a imperiosa necessidade de fusão com o objeto e a intensidade das fantasias alucinatórias relativas a essa fusão teriam conseguido produzir modificações no Eu corporal de forma a proporcionar um estado físico de gratificação semelhante àquele que fora experimentado na realidade, porém interrompido abrupta e prematuramente (1969, p. 481).

A partir dessa ilustração, podemos tentar realçar os elementos que foram apontados ao longo do presente texto como necessários a uma compreensão metapsicológica da imitação. As modificações no Eu corporal a que Gaddini se refere na passagem acima citada equivalem exatamente à imitação no sentido da reprodução ou do reinvestimento das imagens recordativas de movimento que estiveram, anteriormente, associadas à eliminação da excitação. Imitar significa, então, tornar presente a vivência produzida pelo contato com o outro e, devemos acrescentar, pelo investimento do outro, em um momento, porém, em que o bebê está confundido com o outro sob a forma de sensações corporais. Os bebês merecistas, ao reproduzirem os movimentos de estimulação da cavidade oral e inundá-la com leite, são, eles mesmos, o seio que os alimentou. Nesse ponto, é importante salientar que não se trata simplesmente de tornar mais uma vez presente o objeto para superar a frustração pela ausência dele. A frustração que leva ao investimento da imagem alucinatória, tal como proposto por Freud, deve ser compreendida no domínio da metapsicologia, isto é, não simplesmente como a ausência do objeto gratificante, mas como impossibilidade de ligação do investimento pulsional. As mães dos bebês merecistas tinham com eles uma relação patológica, observou Gaddini (1969, p. 481). Isso quer dizer que sua presença não levava ao apaziguamento da excitação, e, sendo assim, a repetição patológica da ruminação pode ser entendida como a tentativa de ligação da excitação pulsional, ou a tentativa de construção de caminhos de eliminação, na linguagem do *Projeto*. Ora, a construção de tais caminhos é feita pelos investimentos laterais que irão constituir o manto do Eu, ou seja, as fronteiras do Eu, anteriormente à possibilidade de investimento das representações de palavra e da representação propriamente dita. A imitação e a introjeção seriam, então, as formas mais precoces da identificação e, portanto, as precursoras da representação de si e do objeto.

# 2.
## Imitação e transferência no caso Anne

No artigo "In her mother's name" (2003), Nina Farhi propõe-se a pensar o caso de uma paciente, chamada por ela de Anne, valendo-se do conceito de imitação. Farhi descreve Anne como uma jovem que vive em um mundo unidimensional, onde prevalece a superficialidade das vivências e a ausência de um psiquismo suficientemente estruturado, apto a desempenhar as funções egoicas de forma consistente. Vemos já no subtítulo do artigo a função que Farhi atribui à imitação no funcionamento psíquico dessa paciente: "Imitation, a pre-identificatory mechanism of defense".

Não nos deteremos nos pormenores do caso de Anne, mas, para que entendamos as conclusões de Farhi em relação aos processos imitativos, os principais pontos da vida da paciente devem ser analisados.

Anne foi, desde seu nascimento, uma criança abandonada psicologicamente. Sua mãe, que havia desenvolvido um quadro psicótico imediatamente após o parto, deixou-a aos cuidados de babás, pois suportava, com angústia, sua presença por apenas breves momentos. Anne tornou-se uma criança e uma adolescente solitária. Aos quatorze anos, iniciou o uso de drogas e, até o momento em que chegou ao consultório de Farhi, vivia uma vida vazia de lembranças.

Na adolescência, Anne foi submetida a diversas cirurgias plásticas, pois sua mãe se tornara obcecada com a mudança de sua aparência. Com o divórcio dos pais, Anne mudou o próprio nome, adotando tanto o primeiro nome da mãe quanto seu sobrenome de solteira. Desde essa época até o momento em que encontrou Farhi, Anne já havia mudado de nome seis vezes e trocado de endereço dezessete vezes.

A primeira observação de Farhi sobre o dia em que Anne chegou ao seu consultório refere-se a sua aparência assustadora: tratava-se de uma jovem muito alta, com mãos e pés enormes, mas vestida de forma infantilizada. Não fazia contato visual algum com a analista e sua voz não demonstrava qualquer sentimento. Não tinha também ocupação profissional alguma, e passava seu tempo com o uso de drogas e envolvendo-se em relações sexuais de risco.

Farhi relata que nos primeiros anos de tratamento sentia uma desconexão de Anne com o mundo, como se sua vida estivesse desligada das pessoas e dos lugares que frequentava. Nos intervalos da análise, Anne apresentava passagens ao ato com consequências sérias. Em uma ocasião, foi internada com suspeita de ataque cardíaco e, em outra, ela se recusou a comer por um longo período, ingerindo somente líquidos.

Após alguns anos de análise, Anne apresentou mudanças que inicialmente foram encaradas por Farhi como muito positivas. Anne havia ingressado na universidade com o objetivo de tornar-se psicoterapeuta. Foi tão bem em seus estudos que lhe ofereceram um cargo de professora e também fundos para pesquisa. Farhi via essas mudanças como um processo identificatório saudável. Anne já não usava drogas e mantinha uma vida social normal. Apesar dessa aparência de normalidade, chamava atenção o fato de que todo o seu interesse por sexo havia desaparecido e de que ela agia como se não se lembrasse de seu comportamento sexual antes da terapia.

Após sete anos de análise, uma virada inesperada ocorreu na vida e no tratamento de Anne, conforme relata Farhi:

> Então, sem nenhum aviso, no final de seu curso de mestrado, ela saiu de seus exames, tornou-se desabrigada e anunciou que estava deixando a Inglaterra na semana seguinte. Quando, em completo espanto, eu a desafiei, ela ficou muda e passou a emitir um zumbido agudo, como uma estática de alta frequência. Seus olhos se tornaram fixos e vazios, e ela permaneceu sentada, balançando numa cadeira na qual escolhera sentar-se, sem meu consentimento, até o fim da sessão, quando foi embora sem dizer uma palavra. Ela continuou a vir às sessões, sempre se sentando então na cadeira em frente à minha, muda, vazia e bem quieta, exceto por seu rápido piscar de olhos. No tempo que se seguiu, pudemos colher os frutos dos sete anos anteriores, apesar de naquele

momento eu ainda não saber disso. Por seis semanas ela ficou completamente calada durante as sessões. Nesse tempo eu sofri uma sucessão de estados emocionais muito difíceis: da incompreensão completa até a raiva assassina, chegando à morte e à apatia. Eu falava com ela. Eu interpretava. Eu me vi, em crescente desespero, tentando resistir ao que eu sentia ser a anulação de sete anos de um trabalho extremamente complexo. Eu me senti completamente derrotada e, eventualmente, sem objetivo. Nunca me havia sentido tão completamente negada por outra pessoa. Talvez então, pela primeira vez, eu tenha sido capaz de receber toda a intensidade da negação psíquica precoce da mãe de Anne, à época de seu nascimento. Eu acredito que, até esse momento, ela havia construído sua vida baseada na imitação dos meus objetivos analíticos. (2003, p. 79-80, tradução nossa)

Depois de seis semanas de tratamento, Farhi havia-se resignado, deixando, então, de buscar uma mudança de comportamento por parte de Anne. Quando isso aconteceu, Anne finalmente rompeu seu silêncio, conectou seu olhar com o de Farhi e disse que sua mãe lhe havia dito que ela sempre tinha sido "*a law unto herself*" (2003, p. 81), ou seja, uma pessoa independente, que age sem se preocupar com os costumes ou com o que as outras pessoas pensam.

Farhi afirma que, após essas seis semanas de silêncio, ela percebeu que todas aquelas mudanças que ela havia visto como melhoras no quadro de Anne tinham tanto significado quanto o zumbido vazio que ela mostrara durante esse tempo (2003, p. 86). Por toda sua vida, Anne imitara de forma muito concreta. Antes da análise, ela tinha como modelo sua mãe. Depois do início da análise, seu modelo passou a ser Nina Farhi e a imagem internalizada que esta tinha de um paciente neurótico ideal.

A imitação de características concretas tinha sido a única ferramenta construída por Anne para formar um Eu, visto que lhe havia sido negado um ambiente psicológico suficientemente rico, no qual pudesse desenvolver identificações saudáveis. Farhi vê as seis semanas de silêncio como a forma encontrada por Anne de remover de seu psiquismo as influências da terapeuta e da mãe. O silêncio terminou quando Farhi se viu sem instrumentos para agir, quando ela parou de impor a Anne suas interpretações. Quando esse espaço foi criado, Anne teve um nascimento psíquico e pôde passar da pura imitação aos processos de identificação.

O conceito ferencziano de duplicação autoplástica – que designa o processo pelo qual, no contato com o mundo externo, os organismos adquirem novas habilidades ou modificam algumas de suas características para uma melhor adaptação ao ambiente – ajudou Farhi a entender a função da imitação no início da vida psíquica (2003, p. 85). Para ela, o termo autoplasticidade, cujo sentido se refere à capacidade de moldar mecanismos intrapsíquicos para lidar com o mundo externo, aplica-se com toda propriedade ao caso de Anne (2003, p. 85). Em continuidade com o conceito de duplicação autoplástica, Farhi refere-se à utilização que Gaddini fez do conceito de imitação em seu estudo sobre bebês merecistas (Farhi, 2003, p. 82-83). Uma vez que a contribuição de Gaddini ao tema da imitação foi objeto de nossa atenção anteriormente, restringir-nos-emos a mencionar aqui a semelhança observada por Farhi entre os mecanismos imitativos detectados por Gaddini e aqueles que ela pôde observar em sua paciente. As passagens ao ato de Anne, que ocorriam nos intervalos da terapia e representavam risco de vida para ela, são vistas como uma imitação dos sentimentos de quase morte que sobrevieram após ter sido abandonada pela mãe em seus primeiros meses de vida. Se, por um lado, a relação transferencial com Farhi propiciava uma imitação da analista e de seus objetivos; por outro, cada interrupção do processo analítico acionava automaticamente a imitação do desamparo mortífero vivenciado precocemente (Farhi, 2003, p. 77-79).

Farhi também se baseia em algumas proposições de Frances Tustin para entender o funcionamento psíquico de sua paciente. Segundo tais proposições, crianças propensas à esquizofrenia são capazes de efetuar identificações projetivas, misturando, dessa forma, seu Eu com o de suas mães. Já crianças autistas não têm a capacidade de se identificar, não possuem um mundo interno e desenvolvem uma *identidade adesiva*, que é chamada por Gaddini de *identidade imitativa*. Farhi afirma que a confusão relacionada à linguagem que se instalara entre Anne e sua mãe – caracterizada, entre outras coisas, pela adoção do nome da mãe, assim como de seus hábitos de linguagem e demais costumes – aproximava-a da posição que Tustin designa como esquizofrênica (Farhi, 2003, p. 84). Em contrapartida, as técnicas imitativas primitivas usadas por ela a aproximavam da posição autística.

Por fim, Farhi usa o conceito de *attunement*, desenvolvido por Stern, para se referir ao processo de interação precoce entre a mãe e o bebê caracterizado pela ressonância emocional entre as duas partes (Farhi, 2003, p. 84). Esse processo daria origem a novas formas de expressão, enriquecendo o mundo subjetivo do bebê e capacitando-o a ir além da mera imitação. A falta desse *attunement* na relação inicial de Anne com sua mãe explicaria o desenvolvimento de sua patologia.

# 3.

## IMITAÇÃO, IDENTIFICAÇÃO E IDENTIDADE DE GÊNERO NO CASO LANCE

Entre as alterações do desenvolvimento infantil normal, aquelas relacionadas à aquisição da identidade de gênero revestem-se de um interesse especial quando se estudam os fenômenos de imitação precoce. O caso clínico que focalizaremos em seguida pode ser considerado, ao lado daqueles relatados por Stoller, um clássico da literatura psicanalítica sobre identificações precoces e transtornos da identidade de gênero. Nosso intuito, ao resumi-lo e comentá-lo, é destacar o papel da imitação na formação das identificações e, consequentemente, no estabelecimento de marcos essenciais que determinarão o posicionamento da criança perante o problema dos gêneros.

No artigo intitulado "A transvestite boy and a hypothesis", Ralph R. Greenson (1966) discute o caso de uma criança travesti de cinco anos, chamada por ele de Lance. Nesse artigo, são apresentados os resultados de quatorze meses de um trabalho clínico que ainda não havia terminado.

Greenson descreve Lance como um garoto de uma família formada por um pai ausente e fraco, uma irmã cinco anos mais velha e uma mãe que não fazia esforço algum para esconder que o filho era o objeto privilegiado de seu amor (1966, p. 396).

Desde um ano de idade, antes mesmo de começar a andar, Lance já apresentava uma compulsão por vestir as roupas de sua mãe e de sua irmã. Quando já podia andar, o garoto divertia-se usando os sapatos de salto alto da mãe. Esse comportamento não era reprimido pela família, que considerava que seu hábito estava relacionado a uma fase passageira, inofensiva e até mesmo adorável. As tentativas de impedir Lance de se vestir como menina eram respondidas com muito choro, o que também fez com que os pais preferissem não interferir.

A compulsão de Lance por se travestir se converteu para a família em um problema quando o garoto já contava três anos e meio. Nessa época, sua mãe passou a receber reclamações do vizinho e da escola. Os outros pais queriam que Lance fosse afastado de seus filhos, pois ele preferia brincar com meninas e tentava fazer com que os outros meninos também se vestissem com roupas femininas. Aos quatro anos, Lance disse à irmã que não possuía um pênis e que, quando crescesse, não gostaria de ser um homem, mas sim uma moça Greenson, 1966, p. 396-399).

Nessa época, a família do menino procurou a *Gender Identity Research Clinic*[1], onde Lance foi encaminhado para

---

[1] "Clínica de Pesquisa em Identidade de Gênero": projeto estabelecido em 1958 no Centro Médico da Universidade da Califórnia (UCLA) com o objetivo de estudar a formação da identidade de gênero e o transexualismo.

atendimento com Greenson, e sua mãe iniciou uma análise com Robert J. Stoller. Greenson enfatiza em seu relato que a reação da mãe ao saber que ele aceitaria Lance análise o fez sentir-se como se concordasse em se tornar uma figura paterna para Lance e para toda aquela família (1966, p. 397). Chamou-lhe a atenção, desde o início, a forte ligação que parecia existir entre a mãe e o filho, que superava qualquer laço afetivo que ela pudesse ter com seu marido ou com sua filha. Ela se referia a Lance com muito orgulho e admiração, dando a impressão de vê-lo, essencialmente, como sua criação. Outras vezes parecia falar dele como uma extensão de si mesma.

No início do tratamento de Lance, Greenson pôde observar o que chamou de uma "fome de identificação e imitação"[2] (Greenson, 1966, p. 387), além de uma incrível capacidade de mimetizar as ações e os gestos de outras pessoas. Ao chegar à casa de Greenson, onde ocorreu o tratamento, Lance se deparou com um piano, que lhe chamou muito a atenção. O terapeuta tocou algumas notas e elas foram imitadas de forma exata pelo garoto, apesar de ele nunca ter tido contato com um piano anteriormente. Lance também conseguiu aprender a nadar simplesmente observando os movimentos de Greenson na piscina. Eram comuns as situações nas quais o menino observava outras crianças brincando por alguns instantes e logo depois entrava na brincadeira agindo exatamente como elas.

---

[2] No original: "hunger for identification and imitation" (Greenson, 1966, p. 387).

Contudo, o que mais se destacava nessa propensão à imitação apresentada por Lance era sua enorme preferência por imitar modelos femininos. Ele observava atentamente as roupas e os acessórios da esposa de Greenson e tecia comentários sobre a forma como ela arrumava os cabelos ou se vestia. Além disso, adorava brincar com uma boneca Barbie que recebera de Greenson. Quando brincava, ele se tornava a boneca, vestindo-a e penteando-a com esmero. De fato, ele sempre se transformava nos objetos com os quais brincava. Lance não apresentava interesse nas características sexuais dos bonecos, fossem eles masculinos ou femininos. Seu interesse limitava-se às suas roupas, acessórios e perfumes, com uma postura que Greenson descreve como caracteristicamente feminina.

Apresentadas essas informações iniciais do quadro de Lance, Greenson nos fornece algumas notas que escreveu ao longo do tratamento e que mostram o direcionamento dado ao caso (1966, p. 398-399).

Nos primeiros três meses de tratamento, a brincadeira favorita de Lance era com sua boneca Barbie. Greenson observou que, ao começar a brincar de colocar roupas na boneca que o representava nas brincadeiras, Lance passou a se vestir de forma feminina muito mais esporadicamente. Com o passar do tempo, o garoto interessou-se em aprender a nadar e andar de bicicleta. Greenson deixa claro que se empenhava em se oferecer a Lance como uma figura masculina forte com a qual ele pudesse se identificar, chegando a dar de presente ao seu paciente uma roupa de marinheiro.

Os resultados dessa estratégia de Greenson tornaram-se evidentes ao longo dos meses de terapia. Além de aceitar o terapeuta como um modelo de identificação, passando a se vestir como marinheiro e caubói, Lance demonstrou, pela primeira vez, interesse pela diferença anatômica entre os sexos e pela maneira como nascem os bebês. Ele começou a se diferenciar das bonecas com as quais brincava, deixando de referir-se a elas como "eu", e tornou-se agressivo com a mãe. Concomitantemente, conseguiu estabelecer um relacionamento mais próximo com o pai, chegando a demonstrar admiração por ele. O processo de separação entre ele e a mãe foi coroado pela frase dita a Greenson de forma casual em uma brincadeira: "Pense em todo o tempo que eu desperdicei dentro da barriga da minha mãe!"[3] (Greenson, 1966, p. 401).

Greenson considera que podemos ver no caso de Lance uma grande dificuldade no processo de individuação, ligada a uma forma oral de lidar com o mundo externo (1966, p. 402). Ele conseguia representar-se como distinto de seus objetos, mas havia em seu psiquismo a crença primitiva de uma igualdade entre ter e ser o que amava. Sua tendência ao travestimento pôde ser melhor explicada ao perceber que ele havia trocado o desejo oral dirigido ao corpo de sua mãe pelo desejo por suas roupas. Ainda segundo Greenson, o fato de se render ao princípio de realidade o impedia de possuir o corpo da mãe, o

---

[3] No original: "Think of all the time I wasted in my mother's belly!" (Greenson, 1966, p. 401).

que fez com que em suas fantasias as roupas adquirissem uma equivalência à pele dela, ocorrendo uma forma de identificação parcial (1966, p. 402).

Outra característica de Lance, destacada por Greenson, era sua grande dificuldade na diferenciação entre os gêneros (1966, p. 402). Contribuía para isso o fato de que sua mãe via o marido como um homem fraco e que não merecia respeito. Ele era mantido em uma posição de afastamento da família, o que impossibilitava uma identificação entre pai e filho. Além disso, Lance era excessivamente exposto ao corpo da mãe, tendo com ela mais contato tátil e visual do que seria o ideal. Todos esses fatores se uniram para dificultar a aquisição de um conhecimento adequado das diferenças sexuais. Para Greenson, a tarefa de se identificar com o pai representa uma dificuldade típica das crianças do sexo masculino (1966, p. 402). Assim como as meninas enfrentam dificuldade especial ao se verem na contingência de inverter seu objeto de amor, da mãe para o pai, os meninos têm de abandonar a identificação inicial com a mãe para se identificarem com o pai. Esse processo se teria tornado ainda mais difícil no caso de Lance.

Por fim, devemos enfatizar que Greenson atribui as modificações positivas no quadro de seu paciente a dois fatores. O primeiro deles foi a relação de Lance com uma figura masculina forte e presente, que tinha orgulho de ser homem. Essa nova posição masculina teria feito surgir uma identificação entre paciente e terapeuta e uma quebra da simbiose com a mãe. Essa relação teria despertado também o interesse do garoto pela figura do pai, até então muito pouco presente em sua vida. O segundo fator foi o fato de a mãe de Lance ter-se colocado em análise[4], o que fez com que ela saísse da posição de enxergar os homens como seres fracos e pudesse dar ao menino a oportunidade de olhar para Greenson e para o pai como modelos de identificação (Greenson, 1966, p. 402).

Discutido o relato de caso feito por Greenson, cabe agora relacionar esse material a nossas constatações sobre o fenômeno imitativo. Parece-nos correto supor que a origem das dificuldades de Lance em relação à aquisição da identidade de gênero relaciona-se com a intensidade da relação exclusiva de amor que existia entre ele e sua mãe e os efeitos identificatórios daí advindos. Nessa tentativa de Lance de ser como sua mãe, o garoto lançava mão de mecanismos primitivos de apreensão interna dos objetos. Esse fato não escapou à observação de Greenson, que ressalta o caráter oral das relações de Lance (1966, p. 402). Tudo isso nos remete às formulações de Eugenio Gaddini sobre as formas primitivas de apreensão dos objetos, quando ele postula a existência de dois registros psíquicos diferenciados, o sensorial e o oral, envolvidos nesses processos de internalização (1969, p. 477). No registro oral, a forma de se ter o objeto é colocá-lo dentro do corpo, por meio de fantasias de incorporação. No registro sensorial, tenta-se reviver a satisfação gerada pela presença do objeto por meio

---

[4] Robert Stoller expôs suas conclusões sobre o tratamento da mãe de Lance no artigo intitulado "The mother's contribution to infantile transvestic behavior" (1966, p. 384).

da modificação do próprio corpo, o que resulta nas percepções imitativas. O mecanismo de incorporação e as percepções imitativas evoluem para dar origem, respectivamente, à introjeção e à imitação, que formam, em conjunto, as bases da identificação.

Greenson, como já foi dito anteriormente, parte da constatação de uma coincidência, vigente no caso de Lance, entre ter e ser o objeto de amor. Dessa forma, ao querer vestir-se como a mãe, ele realizava seu desejo de incorporação oral do corpo da mãe, substituindo sua pele por suas roupas. Vemos, assim, que, na compreensão de Greenson, a imitação que Lance fazia de sua mãe aparece como secundária ao mecanismo de incorporação oral, e não como fenômeno primário, passível de ser visto na perspectiva do registro sensorial tal como descrito por Gaddini (1969). Isso não impede, no entanto, que todo o efeito transformador proporcionado pela relação de Lance com Greenson seja associado a fenômenos imitativos que culminam em uma desidentificação com a mãe operada pela construção de uma identificação masculina. A despeito da impossibilidade de se falar em imitação precoce em um período já avançado da infância de Lance, a condução do caso por Greenson não nos deixa alternativa senão pensar em mecanismos psíquicos relacionados ao "imitar para perceber" e, posteriormente, "imitar para ser", descritos por Gaddini (1969, p. 477).

# 4.
## IMITAÇÃO E CLÍNICA DO AUTISMO

A ausência do comportamento imitativo nas crianças autistas pode ser observada facilmente, o que não chega a surpreender quando consideramos que a característica dominante deste quadro clínico é a falta de interação e comunicação com o semelhante. Esse fato é sempre mencionado na literatura sobre o autismo (Kanner, 1943; Tafuri, 2003). Por outro lado, a utilização da imitação como recurso terapêutico no trabalho clínico com crianças autistas é uma prática que vem sendo mencionada em trabalhos mais recentes (*Journal of Child Psychotherapy*, 2005), sem que, no entanto, exista um diálogo entre eles ou um esforço de sistematização das conclusões a que se pode chegar a partir de tal prática. Apenas com a atenção voltada para esse tema é que podemos encontrar na literatura o trabalho de autores (Pires, 2007; Tafuri, 2003) que, vendo nos primeiros sinais de comportamento imitativo uma perspectiva promissora para o tratamento dessas crianças, utilizam a imitação como ferramenta clínica.

Os primeiros textos que ressaltam a ausência do comportamento imitativo nas crianças autistas têm longa data, tendo aparecido logo depois que Kanner, em 1943, descreveu e propôs a categoria de autismo como um quadro clínico singular entre as psicopatologias infantis. Um exemplo importante dessas contribuições é o artigo de Ritvo e Provence, publicado em 1953, com o relato de suas observações no *Child Study Center* de Nova York. Além de apontarem a ausência da imitação em um grupo de seis crianças autistas por eles observadas e submetidas a testes, esses autores perceberam a função estruturante da imitação e sua possível relação com o processo de identificação no desenvolvimento normal (Ritvo; Provence, 1953).

Interessa-nos, aqui, acompanhar alguns relatos clínicos nos quais verificamos uma forma de condução do tratamento que coloca em evidência a importância da esfera sensorial na clínica com a criança autista e, em particular, a indução de comportamentos imitativos como um meio para se atingir uma comunicação com a criança. Abordaremos, também, alguns aspectos do caso de uma criança autista atendida por nós, buscando ressaltar de que forma a imitação se fez presente.

Nosso objetivo geral é acrescentar elementos para se considerar o papel estruturante da imitação, não simplesmente no plano do desenvolvimento cognitivo, mas também no que diz respeito à constituição das identificações primárias e, portanto, à própria constituição da tópica psíquica, tal como é concebida em uma perspectiva psicanalítica.

## A imitação na clínica com crianças autistas

Uma das referências importantes que encontramos sobre o papel da imitação na clínica com a criança autista é o livro intitulado *Imitation, identification chez l'enfant autiste* (Hochmann; Ferrari, 1992) que reúne textos teóricos e clínicos resultantes de pesquisas realizadas, na França, sobre o autismo e as psicoses precoces. O caso de Félicie, objeto de reflexão do texto de Geissmann *et al.*, "Le plus et le moins: identification et imitation" (1992, p. 155), pode ser tomado como ilustração da perspectiva clínica que orientou os trabalhos dessa coletânea, uma perspectiva que reconhece a imitação como ferramenta importante na prática clínica com a criança autista. Nesse caso, a imitação da imagem do *objeto autista* (Tustin, 1984), por meio de desenhos, teve um papel fundamental no progresso de Félicie, uma menina que apresentava um quadro grave, com extrema agitação e dificuldades de contato.

Aos oito anos de idade, após várias tentativas frustradas de escolarização, Félicie foi encaminhada a um hospital-dia onde iniciou tratamento de psicoterapia, com três ou quatro sessões semanais. A menina mantinha sempre uma bolinha em sua boca, passando-a de um lado para o outro. Às vezes, retirava-a da boca e a colocava em um bolso ou a jogava no chão, recuperando-a em seguida. Se a perdia, entrava em violentas crises de raiva que culminavam em automutilação. Sua terapeuta, percebendo a importância dessa bolinha e trabalhando com a hipótese de que os gestos da menina conotavam uma tentativa de incorporação de um objeto que a representasse, propôs-se a desenhar no papel formas circulares. Nesse caso, a terapeuta imitava os objetos representantes de Félicie por meio dos desenhos, o que lhe possibilitou comunicar-se com a menina e permitiu que o processo terapêutico se iniciasse efetivamente. Baseados no referencial teórico kleiniano, os autores afirmam o seguinte:

> O principal mecanismo de defesa de Félicie nesse período é, evidentemente, a identificação projetiva. Os objetos internos, em via de constituição, são projetados no exterior e *identificados* a partes do mundo exterior que passa a representá-los [...] esses substitutos são sentidos e tratados como se fossem idênticos a ela, pois a diferenciação entre o si mesmo e o objeto ainda não está em vigor. (Geissmann *et al.*, 1992, p. 171, tradução nossa)

Ou seja, a partir do momento em que a psicanalista executa seu trabalho sobre as bolinhas (imitando-as em seus desenhos), Félicie começa a se sentir implicada naquele procedimento, como se ela mesma fosse imitada. Desse modo, por meio da imitação do objeto alvo de identificação projetiva da criança autista, a psicanalista consegue bons resultados no desenvolvimento de sua paciente.

Outro importante trabalho no qual se destaca o papel do analista de provocar comportamentos imitativos na criança foi conduzido por Maria Izabel Tafuri (2003) e documentado em seu livro *Dos sons às palavras: explorações sobre o tratamento psicanalítico da criança autista*. No caso clínico de Maria, paciente de Tafuri, o tratamento teve início com o que foi denominado de "jogo dos sons" (2003, p. 56). Tratava-se da tentativa de estabelecer uma via de comunicação pela repetição dos sons que a criança emitia, ainda que esses sons se apresentassem apenas como grunhidos, que, aparentemente, não se destinavam à comunicação propriamente dita. O relato desse caso, que apresentaremos de forma resumida a seguir, evidencia a importância dos jogos imitativos entre terapeuta e criança como desencadeadores de uma abertura à comunicação, deixando entrever uma possibilidade de tratamento.

Maria foi levada à terapia com três anos e apresentava momentos de autoagressão e de "ensimesmamento autístico" (Taffuri, 2003, p. 36). Além disso, não apresentava linguagem ou qualquer outra forma de comunicação, senão alguns grunhidos. Durante as sessões, Tafuri se propôs a imitar esses grunhidos, o que somente sete meses depois começou a ser percebido por Maria como uma espécie de eco de suas vocalizações (2003, p. 56). A partir daí, ela passou a notar quando a imitação faltava, e passou, então, a dar mostras de que esperava por ela. Após o segundo ano de tratamento, os grunhidos transformaram-se em balbucios (como os dos bebês), por meio dos quais ela era capaz de comunicar-se de forma primitiva com a terapeuta (p. 56-65). Por fim, no terceiro ano de tratamento, Maria começou a falar as primeiras palavras, demonstrando, assim, que havia adquirido o uso da linguagem (p. 64).

O mesmo método do "jogo dos sons" foi também adotado por Vanessa Lazary, trabalhando na Universidade de Brasília, sob orientação de Tafuri. Em sua dissertação de mestrado, intitulada *A função sensorial da voz no tratamento psicanalítico da criança autista* (2003), ela descreve o atendimento de Daniela, paciente que iniciou tratamento aos quatro anos de idade e cujo progresso foi similar ao de Maria.

Para Tafuri, o "jogo dos sons" propiciava à criança a constituição do que, baseado em Winnicott, ela chamou de *ambiente-holding-sonoro* (Taffuri, 2003, p. 22). Tafuri percebeu que o timbre da criança era distinto da tonalidade da voz humana e encontrou aí o sentido do que Winnicott denominou *criatividade primária*[1] (Winnicott, 1975, p. 23). A utilização da esfera sensorial sonora permitiu, nesse caso, a criação de um ambiente acolhedor no qual a aproximação da analista não produzia mais um efeito de invasão ou ameaça de desorganização, conforme afirma a autora (Tafuri, 2003, p. 23).

Outros exemplos do papel da imitação na clínica com a criança autista podem ser encontrados no número especial do *Journal of Child Psychotherapy* (2005), dedicado ao tema da imitação. Trata-se dos artigos de Maria Rhode, "Mirroring,

---

[1] No processo de amadurecimento, segundo Winnicott, o bebê é levado pelo ambiente suficientemente bom à ilusão de onipotência. A primeira desilusão acontece, então, quando ele percebe que o seio da mãe não faz parte dele e nem depende de sua vontade para existir. Nesse momento, manifesta-se no bebê uma tentativa de manter-se iludido. Essa tentativa culmina no que Winnicott denomina de primeira *criação* do bebê. A *criatividade primária*, tanto no início da vida como em outra época, sempre estará atrelada ao modo como o indivíduo lida com o sentido de realidade (Winnicott, 1975, p. 26).

imitation, identification: the sense of self in relation to the mother's internal world" (2005) e de Graham Music, "Surfacing the depths: thoughts on imitation, resonance and growth" (2005).

Maria Rhode (2005) descreve o caso clínico de Anthony, um menino de seis anos, diagnosticado como autista. Ele era capaz de comunicar-se, mas pronunciava, principalmente, pedaços de palavras e frases utilizando-se de vozes que não soavam naturais. Em uma ocasião, de forma espontânea e sem a intermediação da analista, Anthony forjou em seu próprio rosto uma expressão semelhante a uma marca na parede na qual identificou o formato de dois olhos e uma boca. Ao contornar a marca com seu dedo, disse: *"Poor eye, poor eye"*[2] (Rhode, 2005, p. 60). Ele pregou, então, uma tira de pano na parede para cobrir as marcas, como se fosse um *band-aid*. Ao perceber que um pedaço da tira se havia soltado, ficando caída, puxou-a, testando até que ponto poderia arrancá-la e, ao mesmo tempo, puxou a língua do sapato e arrancou com os dentes alguns pequenos fragmentos de pele que se soltavam de seus dedos. Ao final da sessão, quando a terapeuta retirou da parede a tira de pano, Anthony esfregou com as mãos os resíduos de cola remanescentes na parede até transformá-los em pequenas bolas semelhantes a secreções nasais ressecadas e as comeu. Em seguida, retirou secreções de seu próprio nariz e

---

[2] "Pobre olho, pobre olho", cuja homofonia com "pobre eu" foi observada pela autora.

as comeu também. Posteriormente, Anthony encontrou uma solução melhor do que pregar o pano nos olhos-buracos: em vez disso, transformou os buracos em formas mais próximas da aparência dos olhos, adicionando uma pupila colorida com uma caneta. Essa solução, que claramente aumentou a confiança de Anthony, produziu o seguinte desdobramento: ao se deparar com o olhar da terapeuta no espelho, sorriu e exclamou "Olá, espelho!" (2005, p. 61). Ele era fascinado por espelhos e parecia olhar para eles para confirmar sua própria existência. Frequentemente, recusava captar o olhar da terapeuta no espelho, excluindo-a do par que ele fazia com seu próprio reflexo. A autora enfatiza que seu olhar refletido teve a mesma função que a pupila no olho vazio: a de dar vida ao espelho, fazendo com que ele passasse do estatuto de um objeto refletor mecânico para um agente reflexivo humanizado, que incluía paciente e terapeuta (2005, p. 61).

Para Rhode, o material de Anthony ilustra o delicado hiato que pode existir entre mecanismos adesivos e o tipo de identificação primária que ela pensa estar envolvida na imitação que promove o desenvolvimento psíquico. No caso de Anthony, Rhode vê uma identificação adesiva, do tipo "*skin-based* [baseada na pele]" (2005, p. 58), cuja integridade dependia da integridade da pele do objeto. As marcas na parede foram inicialmente reconhecidas como olhos que não podiam ver ou reconhecer Anthony da maneira que era necessária, ou seja, eram incapazes de produzir a imitação a partir da qual uma primeira identificação se formaria.

No artigo "Surfacing the depths: thoughts on imitation, resonance and growth", Graham Music (2005) descreve seu trabalho terapêutico com uma criança que chamou de Carol. De acordo com o autor, as técnicas imitativas permitiram que Carol saísse de um estado de isolamento psíquico para estabelecer interações comunicativas e caminhar na direção da estruturação de um Eu consistente.

Quando iniciou o tratamento, Carol tinha cinco anos e apresentava características autísticas moderadas. Parecia viver em seu próprio mundo, dando a Music uma impressão de superficialidade (2005, p. 78). Faltava a Carol a delimitação de seu Eu, tanto corpóreo quanto psíquico. A dificuldade de se inserir no mundo simbólico se destacava. Ela balbuciava sons que, nas poucas vezes em que podiam ser distinguidos como palavras, não chegavam a constituir abertura para uma comunicação efetiva. Outra característica a ser destacada era sua hipersensibilidade aos estímulos externos. Quando ouvia sons muito altos ou via imagens perturbadoras, ela se retraía, tentando se esconder desses estímulos que lhe pareciam ameaçadores.

Esse comportamento de Carol foi considerado por Music um fator importante na formulação de hipóteses sobre a etiologia do transtorno por ela apresentado (2005, p. 78). Baseando-se em pesquisas que indicam os efeitos de inibição da capacidade de imitação em bebês expostos a um excesso de estimulação, ele apresenta uma compreensão original do autismo de sua paciente. Music supõe que a hipersensibilidade de Carol teria feito com que os estímulos sensórios do ambiente se tornassem excessivos, interferindo de forma negativa em sua capacidade de imitar. Essa hipersensibilidade, somada à falta de capacidade dos pais de se sintonizarem com seus sentimentos, teria gerado o quadro que se apresentava quando ela iniciou o tratamento (2005, p. 78-79).

Ao descrever as estratégias que utilizou na tentativa de estabelecer algum tipo de interação com sua paciente, Music relata que, em alguns momentos, imitava o que Carol fazia e, em outros, repetia as palavras que ela pronunciava, conferindo-lhes maior intensidade afetiva (2005, p. 80-81). Um terceiro modo de intervenção consistia em tentar alguma forma de empatia com o que a menina sentia para, em seguida, colocar em palavras seu estado de espírito. Quando ela parecia feliz, ele dizia: "Carol está muito contente hoje!" (Music, 2005, p. 81-82). Quando ela se irritava com alguma brincadeira, ele dizia: "Carol está muito brava e quer quebrar seu brinquedo!" (Music, 2005, p. 81-82). Essa técnica, que Music denominou de "marcação" (*marking*), tinha como objetivo marcar para a própria paciente, de forma exagerada, as expressões afetivas que apareciam na sessão (2005, p. 81). Pôde-se observar, assim, o surgimento de uma aproximação física e de um olhar direcionado ao terapeuta cada vez que as palavras de Carol eram imitadas e que a marcação de suas reações afetivas aconteciam (2005, p. 82-84). Music conclui que, por meio das imitações, Carol experimentava seus sentimentos de forma mais real, tendo adquirido, assim, uma experiência egoica menos superficial (2005, p. 82-84). Music ressalta, ainda, que as interações com ela se iniciaram de forma não verbal, com brincadeiras que já indicavam sinais de reciprocidade, e que, ao escolher as manifestações a serem repetidas e marcadas, privilegiou aquelas que refletiam força e vitalidade, mesmo que elas fossem somente potenciais e menos comuns que suas manifestações de fragilidade (2005, p. 82-84). Quando essas características de força eram ecoadas por Music, Carol parecia mais vitalizada e suas manifestações tornavam-se mais consistentes.

Music defende a ideia de que toda criança apresenta indícios de um Eu potencial (2005, p. 86-87). Esses indícios devem ser notados e reforçados por um outro para que um Eu verdadeiro se desenvolva. No caso de Carol, esse trabalho de reconhecimento e reafirmação não pôde ser realizado pelos pais, acarretando um sério comprometimento de seu desenvolvimento psíquico e, principalmente, da constituição do Eu. As técnicas de imitação e marcação vieram, assim, a desempenhar uma função de protocomunicação necessária à retomada do processo de formação egoica.

Como resumo do desenrolar do caso, podemos deixar aqui as próprias palavras de Graham Music:

> Carol tinha-se desenvolvido muito desde as primeiras sessões, quando era muito ausente e persecutória para permitir que eu entrasse em seu mundo; ela lentamente deixou que eu me tornasse sintonizado com seus movimentos e afetos. Depois me permitiu imitar suas ações, lentamente começando a responder com suas próprias imitações.

> Gradualmente tais interações começaram a ser internalizadas enquanto ela desenvolvia um objeto interno mais robusto e vivo. (2005, p. 86, tradução nossa)

No caso de Olívia, paciente atendida por nós, foi também oportuna a percepção da imitação como peça importante no desencadeamento de mudanças significativas no seu relacionamento com o outro.

Olívia tinha quatro anos quando seus pais buscaram ajuda psicológica. Vários elementos de sua história clínica indicavam um quadro de autismo infantil precoce. Ela não falava, nem balbuciava, apenas emitia sons de riso ou choro e evitava qualquer interação. Na escola, não manifestava interesse pelos colegas ou professores e nem pelas atividades realizadas. Limitava-se a balançar suas bolsinhas, ou outros objetos, que, em geral, trazia de casa. Em momentos de crise, costumava autoagredir-se. Olívia mordia suas mãos e batia a cabeça na parede, no chão, ou onde fosse possível, o que era fonte de grande dificuldade e sofrimento para os pais e demais pessoas que lidavam com ela. Essas crises pareciam estar ligadas às situações de frustração e faziam pensar em uma tentativa de manipulação dos cuidadores para a obtenção de vantagens por parte de Olívia. Muitas vezes, no entanto, essas crises pareciam caóticas, sem qualquer endereçamento ao outro, como se fossem uma reação a um afluxo de excitação insuportável ou a momentos em que a criança parecia desconectar-se completamente do ambiente no qual se encontrava.

A intervenção de um psiquiatra, que introduziu o uso de medicamentos, juntamente com nosso trabalho, teve o efeito de amenizar essas crises, mas elas não cessaram completamente, e sempre se intensificavam quando Olívia se deparava com obstáculos e interdições de qualquer natureza ou nos momentos de desorganização da rotina familiar. A permanência da criança na escola era inviável, uma vez que na situação escolar esses obstáculos e interdições são constantes.

Para não afastá-la da escola, a alternativa encontrada foi a contratação de uma acompanhante terapêutica para assisti-la durante o período que ali permanecia. A acompanhante trabalhava para manter Olívia ligada às atividades da turma. Aquilo que as outras crianças faziam, Olívia era convidada (induzida) a imitar com o auxílio da acompanhante, que, algumas vezes, ajudava-a, inclusive, a posicionar seu corpo e a realizar os movimentos necessários à execução das atividades. Quando isso era impossível, devido à grande agitação da criança, a acompanhante saía com ela da sala e desenvolvia atividades individuais no pátio da escola. Essas atividades requeriam também a imitação de movimentos corporais que possibilitassem desempenhos que pareciam almejados pela criança, tais como descer escadas, ultrapassar obstáculos e brincar no escorregador.

O efeito dessa indução à imitação foi amplo. Em poucos meses, notou-se maior estabilidade no humor de Olívia, tanto em casa quanto na escola, assim como a diminuição das crises de autoagressão. As vocalizações aumentaram (gritos), foram verificadas atitudes mais carinhosas por parte dela e maior interesse pelos objetos e movimentos dos colegas. Além disso, sem a ajuda da acompanhante, Olívia já se mostrava hábil na execução das atividades que antes fora levada a imitar (subir escada, ultrapassar uma cerca, passar pela ponte).

Nesse caso, guiamo-nos pela suposição de que todos esses gestos, que implicavam toques e contenções por parte da terapeuta, em uma postura de acolhimento e direcionamento da excitação caótica de Olívia, funcionariam para recolocar em movimento a constituição de um envelope sensorial ou de um Eu-pele, nos termos de Anzieu (1985). Os primeiros movimentos identificatórios ainda estavam por se constituir em Olívia, em quem observávamos a ausência de comportamentos imitativos espontâneos. Provocar esses comportamentos foi uma tentativa de fazer avançar o processo, na expectativa de conduzi-la em direção a elementos identificatórios mínimos, capazes de lhe assegurar pelo menos o senso de preservação de sua integridade corporal. Considerando a gravidade do caso e o fato de se tratar de um atendimento ainda em curso, uma avaliação dos resultados obtidos com o uso da imitação seria prematura neste momento. Podemos, no entanto, afirmar que a estratégia adotada, embora não tenha produzido melhoras espetaculares ou nitidamente promissoras, tem-se mostrado mais eficaz do que todas as outras anteriormente utilizadas, o que nos permite supor que, por menor que seja o potencial de melhora do quadro de Olívia, a estimulação da imitação deverá ser mantida como um dos principais recursos terapêuticos neste caso.

# Considerações finais

Consolidar o uso de técnicas imitativas no tratamento do autismo ainda requer o estabelecimento de parâmetros teóricos e clínicos que permitam o compartilhamento de experiências, de tal forma que a dispersão conceitual e a profusão de modalidades de emprego do recurso imitativo deixe de ser um obstáculo para o diálogo entre profissionais de diferentes áreas.

No estágio atual das observações clínicas que privilegiam a imitação e se empenham em teorizá-la, destaca-se a crescente valorização do emprego da imitação por parte dos terapeutas. Uma nova tendência parece delinear-se à medida que a simples observação e interpretação da imitação que ocorre de forma espontânea na criança cedem terreno para a busca de uma verdadeira indução da imitação a partir da iniciativa do terapeuta. Curiosamente, a maneira mais eficaz de induzir a imitação em crianças autistas parece não ser a realização de atos cuja reprodução pela criança seria desejável – como o simples ato de falar, por exemplo –, mas a própria imitação dos atos da criança. Imitar a criança autista parece ter um poder muito maior de interpelá-la do que intervenções em que o terapeuta, ao pressupor que a criança é capaz de observar e imitar, apresenta-se como um modelo a ser imitado.

# Anexo

# Imitação e neurônios-espelho

No início da década de 1990, os pesquisadores Giacomo Rizzolatti, Luciano Fadiga, Leonardo Fogassi e Vittorio Gallese, da Universidade de Parma, na Itália, descobriram alguns neurônios no cérebro de macacos, aos quais deram o nome de neurônios-espelho. Tal descoberta não pode ser negligenciada ao se estudar o fenômeno da imitação, uma vez que tem sido a âncora para a explicação dos processos imitativos no âmbito da Psicologia Cognitiva.

A descoberta dos neurônios-espelho ocorreu de forma acidental, quando esses pesquisadores estudavam neurônios pré-motores de macacos *Rhesus*, mais especificamente a área F5 do córtex motor desses animais, relacionada aos movimentos da mão e da boca. Eles queriam descobrir como os padrões de disparo neuronal codificavam os comandos para realizar certas ações. Para isso, registravam as atividades de neurônios individuais no cérebro dos macacos pesquisados. À medida que os macacos realizavam as várias ações que eram possíveis dentro do laboratório, como pegar brinquedos ou alimentos (movimentos com uma finalidade específica), os neurônios ativados eram registrados. Ao observar esses registros, os pesquisadores perceberam algo que não era esperado.

Quando essas ações eram realizadas pelos próprios pesquisadores ou por macacos que não estavam sendo monitorados com o mesmo tipo de finalidade, como pegar um pouco de comida, a área responsáveis por aquelas ações no cérebro dos macacos monitorados era acionada, mesmo na ausência de qualquer movimento. Eliminadas as hipóteses de que a ativação desses neurônios fosse resultado de um movimento não percebido dos macacos ou de uma expectativa deles pela comida, os cientistas concluíram que a atividade neuronal observada deveria ser a representação da ação motora no cérebro do próprio macaco, independente de sua intenção de realizá-la. O funcionamento desses neurônios seria uma forma direta de entendimento da ação de outros seres (Gallese, 2005, p. 3). Posteriormente, foram descobertos outros neurônios com o mesmo tipo de funcionamento, dessa vez no córtex parietal posterior dos macacos. Descobriu-se, também, que esses neurônios estavam conectados de forma recíproca com a área F5, e assim estabeleceu-se, então, o que se chamou de Sistema de Neurônios-Espelho (Iacoboni *et al.*, 2005).

Os pesquisadores italianos perceberam a importância que sua descoberta poderia ter para a explicação da forma como se dá a compreensão direta das ações e intenções de outras pessoas. Com isso em vista, as pesquisas sobre o funcionamento dos neurônios-espelho continuaram. Foi constatado que eles eram acionados não somente quando os animais viam a ação sendo realizada, mas também quando ouviam sons que se ligavam àquela ação ou quando tinham somente pistas de que a ação poderia acontecer (Gallese, 2005, p. 1-2).

Com o tempo, foi demonstrado que a intencionalidade do movimento era importante no processo de ativação. A visão do movimento da mão direcionando-se para pegar um alimento disparava esses neurônios, mas a visão do mesmo movimento, mas que não tivesse esse objetivo, não o fazia. Por outro lado, quando presenciavam o movimento de pegar um alimento escondido atrás de uma tela opaca (fora de sua visão), cientes de que ali havia um alimento, os neurônios eram ativados (Umiltà *et al.*, 2001).

Diante desses fenômenos, os cientistas concluíram que os neurônios-espelho estariam ligados à representação formada de uma ação da qual se consegue depreender a finalidade. Essa compreensão do objetivo da ação de outrem se daria de forma passiva, como fruto da simples observação. Nessa etapa passiva do entendimento da ação não se utilizariam mecanismos cognitivos mais sofisticados que, quando colocados em funcionamento, pudessem fornecer uma compreensão mais completa do evento observado (Lameira; Gawryszewski; Pereira Jr., 2006).

Uma vez constatado o funcionamento desses neurônios em macacos, foram realizadas pesquisas para averiguar a existência dos mesmos neurônios-espelho no cérebro humano. Inicialmente, os resultados não foram tão claros quanto os obtidos em macacos, sendo que não se pôde estabelecer uma correspondência exata entre os neurônios ativados quando a ação era executada pelos voluntários e aqueles ativados quando ela era somente observada. Os pesquisadores atribuíram esse insucesso parcial às limitações da técnica utilizada para mapear o funcionamento neuronal em humanos, o eletroencefalograma.

Novas tecnologias, como a Tomografia por Emissão de Pósitrons (PET), permitiram que resultados mais precisos fossem encontrados. A PET foi utilizada para observar a atividade de neurônios motores quando voluntários observavam a ação de pegar um objeto e, como controle, quando observavam somente o objeto estacionário. Como resultado, constatou-se que assistir a movimentos realizados por outras pessoas acionava o sulco superior temporal, ativado com a observação de membros em movimento, e o lobo parietal inferior e o giro inferior frontal, que correspondem à área que engloba os neurônios F5 nos macacos. Os resultados obtidos nesse segundo experimento indicaram a existência de um mecanismo de reflexo no cérebro humano, mas não conseguiram delimitá-lo de forma clara e indicar sua amplitude (Rizzolatti; Arbib, 1998).

Os pesquisadores italianos se juntaram a Marco Iacoboni, na Universidade da Califórnia, em Los Angeles, para realizar experimentos utilizando outra técnica, o Imageamento em Ressonância Magnética Funcional (fMRI). Nesse experimento, os voluntários foram expostos primeiramente a imagens que indicavam xícaras de chá postas em uma mesa servida. Depois, foram expostos a cenas que mostravam também xícaras de chá, mas, desta vez, em um contexto que indicava que a refeição havia terminado, e as xícaras estavam sendo retiradas da mesa. Ambas as cenas mostravam o movimento com pistas do porquê de sua realização. A partir dos elementos da cena, podia-se inferir sua intencionalidade. Além dessas duas cenas, foram mostradas outras nas quais o movimento era realizado, mas não se dava nenhuma pista para a inferência do porquê do movimento. Eram ações que não demonstravam intencionalidade. O objetivo era averiguar se os neurônios-espelho humanos responderiam de forma diferente às ações das quais se poderia depreender um fim. Os achados desse estudo comprovaram que o córtex frontal inferior foi ativado com muito mais intensidade na visão das cenas com intencionalidade, corroborando os resultados que já haviam sido encontrados em macacos (Iacoboni *et al.*, 2005).

Em outra parceria, desta vez com pesquisadores franceses, Rizzolatti e sua equipe comprovaram a existência de neurônios-espelho na ínsula anterior, não mais relacionados ao movimento, mas sim às sensações e emoções. Nesse experimento, os voluntários foram primeiramente expostos a vídeos que mostravam cenas de pessoas inalando o conteúdo de um vidro, que poderia ser agradável, neutro ou nauseante. Na segunda parte do experimento, os mesmos voluntários foram expostos aos odores dos vidros utilizados nos vídeos. Utilizando a fMRI, os pesquisadores conseguiram confirmar que experimentar uma sensação de náusea pode ativar a mesma estrutura neural que é ativada ao se testemunhar outra pessoa sentindo essa náusea, pois, ao observarem os resultados das ressonâncias magnéticas, perceberam que a mesma região da ínsula anterior fora ativada nas duas etapas do experimento (Wicker *et al.*, 2003).

Tania Singer, pesquisadora da *University College* de Londres, e seus colegas encontraram resultados similares em experimentos relacionados à sensação de dor. Utilizando também a fMRI, realizaram um procedimento no qual eram colocados eletrodos nas mãos dos participantes da pesquisa e se disparava um choque. Essa sensação de dor ativava áreas da ínsula anterior, do córtex cingulado e do cerebelo. Quando esses mesmos participantes viam os eletrodos serem colocados em outra pessoa, seguido de um sinal sonoro indicando o início do choque, as mesmas regiões eram ativadas (Singer *et al.*, 2004).

Segundo Fadiga, Craighero e Olivier (2005, *apud* Lameira; Gawryszewski; Pereira Jr., 2006) uma forma mais exata de se comprovar a ativação do Sistema de Neurônios-Espelho (SNE) é a Estimulação Magnética Transcraniana (EMT). Ela permite medir a excitabilidade da via corticoespinhal, decorrente do que Gallese chamou de simulação mental da ação, ou seja, o planejamento mental dos movimentos necessários para uma ação (2005, p. 4). Essa técnica demonstrou que existe a facilitação da transmissão neuronal para os músculos associados à determinada ação quando ela é observada.

Baseados em todos esses achados experimentais e em inúmeras outras pesquisas que têm sido realizadas em torno do SNE, Gallese, Keysers e Rizzolatti (2004) propõem uma mudança na forma como a Psicologia Cognitiva procura explicar o entendimento que temos das ações de outras pessoas. Esse entendimento não viria da interpretação de estímulos visuais pelo sistema central conceitual. Diferentemente do que era pensado, esses estímulos visuais acionam o sistema motor do indivíduo, fazendo com que ele vivencie as ações observadas como se fossem suas. A partir da vivência de quem observa "em primeira pessoa", o indivíduo pode inferir o significado e as intenções presentes em certa ação e, assim, vislumbrar o que se passa na mente do outro. Segundo os autores, é o SNE que constrói a ponte entre nós mesmos e outras pessoas.

O fato de os neurônios-espelho serem colocados como o substrato biológico para a intersubjetividade faz com que muitos autores tentem explicar o autismo por meio de uma falha no SNE. Essa síndrome é caracterizada pelo isolamento psíquico e a ausência de empatia. Para muitos pesquisadores, o não desenvolvimento da relação com o outro poderia ser uma consequência direta do mau funcionamento dos neurônios-espelho. Gallese, Keyers e Rizzolatti (2004) propõem que se realizem estudos mais aprofundados, na tentativa de comprovar essa hipótese.

Rizzolatti e Arbib (1998) tentaram, ainda, estabelecer uma hipótese para o surgimento da linguagem nos seres humanos por meio do SNE. Segundo eles, vários autores acreditam que a área F5 do cérebro de macacos, onde os neurônios-espelho foram localizados pela primeira vez, é correlata no cérebro humano à área de Broca. Apesar de existirem inúmeras diferenças funcionais entre as duas áreas, poderíamos inferir, pela correlação entre elas, que o desenvolvimento da linguagem nos seres humanos decorreria de a área de Broca ser dotada, desde nossos ancestrais, de um sistema neuronal capaz de reconhecer e entender as ações e intencionalidades de outros seres. Esse sistema teria sido o pré-requisito para a comunicação interindividual e, posteriormente, para a linguagem.

Embora a relação dos neurônios-espelho com fenômenos de imitação ainda não esteja completamente desvendada, diversos pesquisadores reforçam a importância dessa descoberta, não só no que se refere à capacidade imitativa, mas também à possibilidade de aquisição de linguagem e compreensão da mente do outro.

Desde o primeiro experimento de Rizzolatti, o número de pesquisas sobre esse grupo de neurônios tem aumentado significativamente, e a descoberta dos neurônios-espelho tem sido considerada por alguns neurocientistas um dos maiores avanços nesta área na última década. Em 2000, Vilayanur Ramachandran publicou um artigo que se tornou uma importante referência sobre a relevância científica da descoberta dos neurônios-espelho. No artigo intitulado *Mirror neurons and imitation learning as the driving force behind 'the great leap forward' in human evolution*, o pesquisador indiano defende que o modo como as habilidades mentais se processam nos seres humanos ainda é, em grande parte, um enigma para os pesquisadores (Ramachandran, 2000). A resposta para essas dúvidas, sustenta Ramachandran, estaria nos neurônios-espelho, que representariam para a Psicologia o que o DNA representou para a Biologia (2000).

# Referências bibliográficas

ANZIEU, D. *Le moi-peau*. Paris: Dunod, 1985.

ARISTÓTELES. Poética. In: _____. *Os pensadores*. São Paulo: Abril, 1973. v. IV, p. 443-471.

AUERBACH, E. *Mímesis*: a representação da realidade na literatura ocidental. São Paulo: Perspectiva, 2002.

BALDWIN, A. L. *Teorias do desenvolvimento*. São Paulo: Pioneira, 1973.

BALDWIN, J. M. (1887). *Postulates of Physiological Psychology*. Disponível em: <http://spartan.ac.brocku.ca/~lward/Baldwin/documents.html>. Acesso em: 09 dez. 2007.

_____. *Social and ethical interpretations of mental development*: a study in social psychology. New York: Macmillan & Co, 1889. Disponível em: <http://spartan.ac.brocku.ca/~lward/Baldwin/documents.html>. Acesso em: 11 dez. 2007.

_____. Imitation: a chapter in the natural history of consciousness. *Mind*, p. 26-55, jan. 1894. Disponível em: <http://spartan.ac.brocku.ca/~lward/Baldwin/documents.html>. Acesso em: 06 dez. 2007.

_____. *Mental development in the child and in the race*: methods and processes. New York: Macmillan & Co, 1895. Disponível em: <http://spartan.ac.brocku.ca/~lward/Baldwin/documents.html>. Acesso em: 16 dez. 2007.

_____. *Dictionary of Philosophy and Psychology*. [s.l.], 1901. Disponível em: <http://spartan.ac.brocku.ca/~lward/Baldwin/documents.html>. Acesso em: 14 dez. 2007.

BANDURA, A.; WALTERS, R. H. *Social learning and personality development*. New York: Holt, Rinehart and Winston, 1963.

BLEICHMAR, S. *Aux origines du sujet psychique dans la clinique psychanalytique de l'enfan*. Paris: PUF, 1985.

BOUDON, R.; BOURRICAUD, F. *Dicionário crítico de sociologia*. São Paulo: WMF Martins Fontes, 1993.

CASSIRER, E. *Essais sur le langage*. Paris: Editions de Minuit, 1969.

CONDILLAC, É. *Essai sur l'origine des connaissances humaines*. Paris: Armand Colin, 1924.

COSTA, D. R. *Mímeses e o advento do Estado no* Leviatã. [s.l.], 1999. Disponível em: http://www.consciencia.org/moderna/hobbesdanilovaz.shtml. Acesso em: 21 dez. 2007.

DAMÁSIO, A. *The feeling of what happens*. Nova York: Basic Books, 1999.

DANTAS, H. A afetividade e a construção do sujeito na psicogenética de Wallon. In: DE LA TAILLE, Y.; OLIVEIRA, M. K.; DANTAS, H. *Piaget, Vygotsky, Wallon:* Teorias Psicogenéticas em discussão. São Paulo: Summus Editorial, 1992a. p. 85-101.

_____. Do ato motor ao ato mental: a gênese da inteligência segundo Wallon. In: DE LA TAILLE, Y.; OLIVEIRA, M. K.; DANTAS, H. *Piaget, Vygotsky, Wallon:* Teorias psicogenéticas em discussão. São Paulo: Summus Editorial, 1992b. p. 35-47.

DARWIN, C. *La descendance de l'homme*. Bruxelles: Éditions Complexe, 1981. v. I.

DAVIDOFF, L. L. *Introdução à psicologia*. São Paulo: Pearson Education do Brasil, 2001.

DERRIDA, J. *Gramatologia*. São Paulo: Perspectiva, 2006.

DOLLARD, J.; MILLER, N. *Social learning and imitation*. New Haven: Yale University Press, 1941.

DUARTE, R.; FIGUEIREDO, V. (Orgs.). *Mímesis e expressão*. Belo Horizonte: Editora UFMG, 2001.

DUBOIS, J. et al. *Dicionário de linguística*. São Paulo: Cultrix, 1993.

DURKHEIM, E. *O suicídio*. São Paulo: Martin Claret, 2003.

FARHI, N. In her mother's name. *Contemporary Psychoanalysis*, v. 39, n. 1, p. 75-87, 2003.

FEDERN, P. *Ego Psychology and the psychoses*. London: Imago, 1953.

FEITOSA, C. *Explicando a filosofia com arte*. Rio de Janeiro: Ediouro, 2004.

FERENCZI, S. "Transferência e introjeção". In: _____. *Obras Completas*: Psicanálise I. São Paulo: Martins Fontes, 1991. p. 77-108.

FERRARI, P. Identification et imitation dans l'autisme infantile: un essai de recherche transdiciplinaire. In: HOCHMANN, J.; FERRARI, P. (Orgs.). *Imitation, identification chez l'enfant autiste*. Paris: Païdos, 1992.

FREITAS, V. *Para uma dialética da alteridade*: a constituição mimética do sujeito, da razão e do tempo em Th. Adorno. 2001. Tese (Doutorado em Filosofia). Faculdade de Filosofia e Ciências Humanas, Universidade Federal de Minas Gerais, Belo Horizonte.

FREUD, S. A interpretação dos sonhos. In: _____. *Edição standard brasileira das obras psicológicas completas de S. Freud*. Rio de Janeiro: Imago, 1972. v. IV.

_____. A negativa. In: _____. *Edição standard brasileira das obras psicológicas completas de S. Freud*. Rio de Janeiro: Imago, 1976a. v. XIX.

_____. Psicologia de grupo e análise do ego. In: _____. *Edição standard brasileira das obras psicológicas completas de S. Freud*. Rio de Janeiro: Imago, 1976b. v. XX.

_____. O ego e o Id. In: _____. Edição standard brasileira das obras psicológicas completas de S. Freud. Rio de Janeiro: Imago, 1976c. v. XIX.

_____. *Projeto de uma psicologia*. Tradução de Osmyr Faria Gabbi Jr. Rio de Janeiro: Imago, 1995.

_____. Pulsões e destinos da pulsão. In: _____. *Escritos sobre a psicologia do inconsciente*. Rio de Janeiro: Imago, 2004. v. 1.

GADDINI, E. On imitation. In: *International Journal of Psychoanalysis*, v. 50, p. 475-484, 1969.

_____. *L'imitation*. Paris: PUF, 2001.

GADDINI, R.; GADDINI, E. Rumination in infancy. In: JESSNER, L.; PAVENSTEDT, E. (Eds.). *Dynamic psychopathology in childhood*. New York: Grune & Stratton, 1959. p. 166-185.

GALLESE, V. The roots of empathy: the shared manifold hypothesis and the neural basis of intersubjectivity, *Psychopathology*, vol. 36, p. 171-180, 2003.

GALLESE, V. *What do mirror neurons mean?* Intentional attunement. The mirror neuron system and its role in interpersonal relations. [s.l.]: 2005. Disponível em: <http://www.interdisciplines.org/mirror/papers/1>. Acesso em: 19 dez. 2007.

GALLESE, V.; KEYSERS, C.; RIZZOLATTI, G. A unifying view of the basis of social cognition. *Trends in Cognitive Sciences*, v. 8, p. 396-403, 2004.

GEISSMANN, P. *et al*. Le plus et le moins, identification et imitation. In: HOCHMANN, J.; FERRARI, P. *Imitation, identification chez l'efant autiste*. Paris: Bayard Editions, 1992. p. 155-173.

GERGELY, G. The social construction of the subjective self: the role of affect-mirroring, markedness and ostensive communication in self-development. In: _____. *Developmental science and psychoanalysis*. London: Karnac, 2007. p. 45-82.

GREENSON, R. R. A transvestite boy and a hypothesis. *International Journal of Psycho-Analysis*, v. 47, p. 396-403, 1966.

GUILLAUME, P. *L'imitation chez l'enfant*. Paris: PUF, 1950.

HERRNSTEIN, R. J.; BORING, E. G. *Textos básicos de história da Psicologia*. São Paulo: Editora Herder, 1971.

HOBBES, T. *O Leviatã*: ou matéria, forma e poder de uma república eclesiástica e civil. São Paulo: Martins Fontes, 2003.

HOCHMANN, J.; FERRARI, P. *Imitation, identification chez l'efant autiste*. Paris: Païdos, 1992.

IACOBONI, M. et al. Grasping the intentions of others with one's own mirror neuron system, *Public Library of Science*, v. 3, p. 529-535, 2005.

JACOBSON, E. *The self and the object world*. London: Hogarth Press, 1964.

JAKOBSON, R. *Lenguaje infantil y afasia*. Buenos Aires: Ayuso, 1969.

JERUSALINSKY, J. *Prosódia e enunciação na clínica com bebês*: quando a entoação diz mais do que se queria dizer. In: VORCARO, A. (Org.). *Quem fala na língua?* Sobre as psicopatologias da fala. Salvador: Ágalma, 2004. p. 206-228.

JOURNAL OF CHILD PSYCHOTHERAPY. London: Routledge, 2005. v. 31, n. 1.

KANNER, L. Autistic disturbances of affective contact. *Nervous Child*, v. 2, n. 3, p. 217-250, 1943.

KÖHLER, W. *The mentality of apes*. Londres: Routledge, 2000.

LACAN, J. Le stade du mirroir comme formateur de la fonction du Je: telle qu'elle nous est révélée dans l'expérience psychanalytique. In: _____. *Écrits*. Paris: Éditions du Seuil, 1966.

LAGE, C. F. *Mímesis na República de Platão:* as múltiplas faces de um conceito. *Kriterion*, v. 102, p. 89-96, 2000.

LALANDE, A. Imitation. In: _____. *Vocabulaire technique et critique de la Philosophie*. Paris: Presses Universitaire de France, 1988. v. I: A-M, p. 467-468.

LAMEIRA, A. P.; GAWRYSZEWSKI, L. G.; PEREIRA Jr., A. Neurônios-espelho. *Psicologia USP*, v. 17, n. 4, p. 123-133, 2006.

LAPLANCHE, J. *Nouveaux fondements pour la psychanalyse*. Paris: PUF, 1987.

LAPLANCHE, J. Traumatisme, traduction, transfert et autres trans(es). In: _____. *La révolution copernicienne inachevée*. Paris: Aubier, 1992.

LAPLANCHE, J.; PONTALIS, J.-B. *Vocabulário da psicanálise*. São Paulo: Martins Fontes, 2004.

LAZARY, V. *A função sensorial da voz no tratamento psicanalítico da criança autista*. 2003. Dissertação (Mestrado em Psicologia). Instituto de Psicologia, Universidade de Brasília, Brasília.

MEAD, G. H. *Mind, self, and society:* from the standpoint of a social behaviorist. Chicago: University of Chicago Press, 1972.

MELO CARVALHO, M. T. *Paul Federn:* une autre voie pour la théorie du moi. Paris: PUF, 1996.

MELTZOFF, A. N. Infant imitation and memory: nine-month-olds in immediate and deferred tests. *Child development*, v. 59, p. 217-225, 1988.

_____. Towards a developmental cognitive science: the implications of cross-modal matching and imitation for the development of representation and memory in infancy. In: DIAMOND, A. (Ed.). The development and neural bases of higher cognitive functions. *Annals of the New York Academy of Sciences*, vol. 608, 1-31. New York: New York Academy of Sciences, 1990.

_____. Imitation and other minds: the "like me" hypothesis. In: HURLEY, S.; CHATER, N. (Eds.). *Perspectives on imitation*: from cognitive neuroscience to social science. Cambridge: MIT Press, 2005. p. 55-77.

_____.; BORTON, R. W. Intermodal matching by human neonates. *Nature*, v. 282, p. 403-404, 1979.

_____.; MOORE, M. K. Imitation in newborn infants: exploring the range of gestures imitated and the underlying mechanisms. *Developmental Psychology*, v. 25, p. 954-962, 1989.

_____.; MOORE, M. K. Imitation of facial and manual gestures by human neonates. *Science*, v. 198, p. 75-78, 1977.

_____.; _____. Newborn infants imitate adult facial gestures. *Child Development*, 54, p. 702-709, 1983.

_____.; _____. Resolving the debate about early imitation. In: SLATER, A.; MUIR, D. (Eds.). *The Blackwell reader in Developmental Psychology*. Oxford: Blackwell, 1999. p. 151-155.

_____.; _____. *The imitative mind*: development, evolution and brain bases. Cambridge: Cambridge University Press, 2002.

MERLEAU-PONTY, M. *As relações com o outro na criança*. Belo Horizonte: SEGPC/ Imprensa Oficial, 1984.

_____. *Resumo de cursos*: Filosofia e linguagem. Campinas: Papirus, 1990a.

_____. *Resumo de cursos*: Psicossociologia e filosofia. Campinas: Papirus, 1990b.

MIJOLLA, A. *Dicionário internacional da psicanálise*. Rio de Janeiro: Imago, 2005.

MORA, J. F. *Dicionário de filosofia*. São Paulo: Martins Fontes, 2001.

MOWRER, O. H. *Learning theory and personality dynamics*: selected papers. New York: Ronald P. Co, 1950.

MUSIC, G. Surfacing the depths: thoughts on imitation, resonance and growth. *Journal of Child Psychotherapy*, v. 31, n. 1, p.72-90, 2005.

OLIVEIRA, M. K. *Vygotsky*: aprendizado e desenvolvimento, um processo sócio-histórico. São Paulo: Scipione, 1998.

PAVEAU, M. A.; SARFATI, G. E. *As grandes teorias da linguística*: da gramática comparada à pragmática. São Carlos: Claraluz, 2006.

PENNA, A. G. *Introdução à história da psicologia contemporânea*. Rio de Janeiro: Jorge Zahar, 1982.

PERON, R. De l'identique au semblable, ou comment être deux? Quelques reflexions théoriques sur l'imitation et l'identification. In: HOCHMANN, J. ; FERRARI, P. (Orgs.). *Imitation, identification chez l'enfant autiste*. Paris: Païdos, 1992.

PIAGET, J. *A formação do símbolo na criança*: imitação, jogo e sonho, imagem e representação. Rio de Janeiro: Zahar, 1975.

PIRES, L. *Do silêncio ao eco, autismo e clínica psicanalítica*. São Paulo: Edusp, 2007.

PLATÃO. *A República*. São Paulo: Nova Cultural, 2000.

_____. *Le Sophiste*. Paris: Garnier-Flammarion, 1993.

_____. *Les lois*: livres I-II. Paris: Les Belles Lettres, 1951.

PRADO Jr., B. A força da voz e a violência das coisas. In: ROUSSEAU, J. J. *Ensaio sobre a origem das línguas*. Campinas: Editora UNICAMP, 1998.

RAMACHANDRAN, V. *Mirror neurons and imitation learning as the driving force behind "the great leap forward" in human evolution*. [s.l.]: 2000. Disponível em: http://www.edge.org/3rd_culture/ramachandran/ramachandran_p1.html. Acesso em: 13 jan. 2008.

RHODE, M. Mirroring, imitation, identification: the sense of self in relation to the mother's internal world. *Journal of child psychotherapy*, v. 31, n. 1, p. 52-71, 2005.

RIBEIRO, P. C. Identification passive, genre et séduction originaire. *Psychiatrie Française*, v. 34, n. 4-7, p. 19-46, 2007.

_____. *O problema da identificação em Freud*: o recalcamento da identificação feminina primária. São Paulo: Escuta, 2000.

RIBEIRO, P. C. et al. Um lugar para imitação em Psicanálise. *Revista Latino-americana de psicopatologia fundamental*, v. 9, n. 4, p. 750-758, 2006.

RITVO, S.; PROVENCE, S. Form perception and imitation in some autistic children: diagnostic findings and their contextual interpretation. *The Psychoanalytical Study of the Child*, v. 8, p. 155-161, 1953.

RIZZOLATTI, G.; ARBIB, M. Language within our grasp. *Trends in Neuroscience*, 21, p. 188-192, 1998.

_____.; FOGASSI, L.; GALLESE, V. Cortical mechanisms subserving object grasping and action recognition: a new view on the cortical motor functions. In: GAZZANIGA, M. S. (Org.). *The cognitive neurosciences*. Cambridge: MIT Press, 2000.

_____.; _____.; _____. Neurophysiological mechanisms underlying the understanding and imitation of action. *Nature Reviews Neuroscience*, v. 2, p. 661-670, 2001.

ROCHAT, P. Intentional action arises from early reciprocal exchanges. *Acta Psychologica*, v. 124, n. 1, p. 8-25, 2007.

ROUDINESCO, E.; PLON, M. *Dicionário de psicanálise*. Rio de Janeiro: Jorge Zahar, 1997.

ROUSSEAU, J.-J. *Ensaio sobre a origem das línguas*. Campinas: Editora UNICAMP, 1998.

ROUSSILLON, R. Narcisisme et "logiques" de la perversion. In: JEAMMET, N., NEAU, F. ; ROUSSILLON, R. *Narcissisme et perversion*. Paris: Dunod, 2003. p. 128-154.

RUSSELL, B. *História do pensamento ocidental*: a aventura dos pré-socráticos a Wittgenstein. Rio de Janeiro: Ediouro, 2002.

SAUSSURE, F. de. *Curso de linguística geral*. São Paulo: Cultrix, 1988.

SCALZONE, F. Notes for a dialogue between Psychoanalysis and Neuroscience. *International Journal of Psychoanalysis*, 86, p. 1405-1423, 2005.

SCHELER, M. *Nature et formes de la sympathie*: contribution à l'étude des lois de la vie émotionnelle. Paris: Payot, 1949.

SINGER, W. *et al*. Empathy for pain involves the affective but not sensory components of pain, *Science*, v. 20, p. 1157. doi: 10.1126/science.1093535, 2004.

SPITZ, R. *O não e o sim*: a gênese da comunicação humana. São Paulo: WMF Martins Fontes, 1978.

_____. *O primeiro ano de vida*. São Paulo: Martins Fontes, 1979.

STERN, D. *The interpersonal world of the infant*. New York: Basic Books, 2000.

STEVENS, A. L'holophrase, entre psychose et psychosomatique. *Ornicar?*, n. 42, , p. 45-79, jul.-set.1987.

STOLLER, R. J. The mother's contribution to infantile transvestic behaviour. *International of Journal Psycho-Analysis*., 47, p. 384-395, 1966.

TAFURI, M. I. *Dos sons à palavra*: exploração sobre o tratamento psicanalítico da criança autista. Brasília: ABRAFIPP, 2003.

TAILLANDIER, G. Présentation brève du séminaire de J. Lacan sur l'identification. In: _____. *et al*. *Les identifications*: Confrontation de la clinique et de la théorie de Freud à Lacan. Paris: Denoël, 1987.

TARDE, G. *As leis da imitação*. Porto: Rés, 1998.

TOLEDO, A. M. *Mímesis e tragédia na Poética de Aristóteles*. 2005. Dissertação (Mestrado em Filosofia). Faculdade de Filosofia e Ciências Humanas, Universidade Federal de Minas Gerais, Belo Horizonte.

TUSTIN, F. (1981). *Estados autísticos em crianças*. Rio de Janeiro: Imago, 1984.

UMILTÀ, M. A. et al. I know what you are doing: a neurophysiological study, *Neuron*: 32, p. 155-165, 2001.

VARELA, F. J.; THOMPSON, E.; ROSCH, E. *The embodied mind*. Cambridge: MIT Press, 1993.

VIGOTSKI, L. S. *Pensamento e linguagem*. São Paulo: Martins Fontes, 1987.

_____. *A formação social da mente*. São Paulo: Martins Fontes, 2007.

WALLON, H. *A evolução psicológica da criança*. São Paulo: Martins Fontes, 2007.

WEISS, E. *The structure and dynamics of the human mind*. New York and London: Grune & Stratton, 1960.

WICKER, B. et al. Both of us disgusted in my insula: the common neural basis of seeing and feeling disgust. *Neuron*, 40, p. 655-664, 2003.

WINNICOTT, D. Objetos transicionais e fenômenos transicionais. In: *O brincar e a realidade*. Rio de Janeiro: Imago, 1975.

_____. *Human nature*. London: Free Association Books, 1988.

WOZNIAK, R. *Development and synthesis*: an introduction to the life and work of James Mark Baldwin. Cambridge: Bryn Mawr Editor, 2001.

# Sobre os colaboradores

**Maria Teresa de Melo Carvalho**
Graduada em Psicologia, doutora em Psicanálise pela Universidade Paris 7, professora do curso de especialização em Teoria Psicanalítica da UFMG e autora do livro *Paul Federn: une autre voie pour la théorie du moi* (PUF, 1996).

**Lucas Mello Carvalho Ribeiro**
Graduado em Psicologia pela UFMG e mestrando em Filosofia pela mesma universidade e bolsista do CNPq.

**Ariana Lucero**
Graduada em Psicologia, mestre em Psicologia pela UFMG e doutoranda em Psicologia pela mesma universidade e bolsista do CNPq.

**Leonardo Poggiali de Souza**
Graduado em Psicologia pela UFMG.

**Flávia Torquetti Magalhães**
Graduada em Psicologia pela UFMG.

**Camila Gama de Araújo**
Graduada em Psicologia pela UFMG e mestranda em Psicologia pela Universidade de Glamorgan, Reino Unido.

**Edições Loyola**

**impressão acabamento**

rua 1822 n° 341
04216-000 são paulo sp
**T** 55 11 3385 8500
**F** 55 11 2063 4275
**www.loyola.com.br**